考えるな、体にきけ！

新世紀身体操作論

日野 晃

本来誰もに備わっている“衰えない力”の作り方！

BABジャパン

序にかえて

自転車を漕ぐのに足の力はいらない。当然、太腿が太くなるはずはない。
競輪S級の選手が、私の教室に来たのは2年前になる。自分のレベルを上げたいという理由だ。
自転車は全身の連動で動かす。特に胸骨を使い骨盤から膝、そして足裏へと連動させれば良いのだ。選手は、その言葉に頷き即練習を開始した。太腿でペダルを漕ぐのではないから、その選手の足は陸上の長距離選手のように細い。しかし、速くなった。しかも、身体が疲れない。いかに力まないかが、全身がスムーズに動く条件だからである。1レースが終わった直後でも、もう1レース行ける余裕があるという。

「全身を使う」という言葉は、どこにでも転がっている。しかし、どんなスポーツであっても、ダンスや武道であっても、無自覚に全身が動いていても、自覚的に使っている人、使えている人は少ない。それは全身を使うよりも、例えば腕だけ、足だけを鍛える方が楽だからだ。

しかし、疲労や、力を出すということで言えば、腕だけで100の力を出すよりも、10の力を10箇所から出す方が疲れないし力も出る。それが全身を使うということの側面である。
使うというのは、自分が完全に身体に対して意識的にということである。当然、使うためには身体を実感できなければならない。

しかし、ここで問題があることに気付いただろうか。

理解する、納得することと、身体運動は全く別回路である。それこそ、「畳の上の水練」という故事そのもののことだ。いくら北島康介選手の動きを理解しても、体操の内村選手の技を理解してもできることはない。もちろん、直接当人から説明を受け、納得してもできるはずもない。

それは、彼らが世界一流の選手だからだと思うだろうがそうではない。理解や納得と運動とは全く別の回路だということだ。逆に、高度な身体操作ほど、**理解するほどにできなくなる**のだ。

〝人〟とは、基本的にそういった性質を持っているがゆえに、上達や成長する人としない人とに分かれるのである。

したがって、そういった〝人〟の性質を上手に使った人が、上達や成長するということだ。

であれば、先ほどの競輪選手は理解ではなく何だったのか？

それは「みる」ということと「感じる」という2点の作業をしていたのだ。

いわゆる〝見る〟の場合は、「見る＝判断（理解）」ということになり、自分自身の判断のできる範疇でしか〝見えていない〟のである。したがって、情報は切り抜かれているのだ。それは日常でも、仕事でも見落としていることがあったり、熟練者には見えているが、経験の浅い人には見えていない、というようなことをいろいろと体験しているはずである。

しかし、カメラのレンズのように写した場合、アナログ写真のようにレンズに写った全ての情報を取り込むということで、情報量が全く違うのである。

動きの飲み込みの早い人や、準備にやたらと時間をかける人は、この「みる」を無意識的に働かせているのだ。それが、本当の意味でのイメージを使っているということである。運動センスが良い人というのは全てこれなのだ。

逆に言うと、センスの悪い人というのは、やるべきことのイメージを持っていないのだ。つまり、自分はどこへ行くのかが定かではなく、ただ目の前の動きを消化しているに過ぎないということである。

やるべきこと、つまり、自分はどこへ行くべきかのイメージを持っていないのは、言葉としては持っているかもしれないし、運動を理解しているのかもしれない。しかし、理解することと運動は全く別の回路なのである。

その意味で、私は「考えるな」と言う。それは「見る」という自分という身体が持つ能力を妨げるからである。人は、生まれた瞬間から「見る」能力が最大限に活かされ成長する。寝返りを打つ赤ん坊の時代から、ハイハイをし移動するようになる。このハイハイを研究した学者が、どうしてハイハイの上手下手、あるいは多種多様なスタイルがあるのかと疑問を持ち研究をした。

そこには、まさにこの「見る」という能力があることを証明した結果になった。ハイハイの多種多様性は、周囲にハイハイをする者がいないから、つまり、見本や手本がないから、「動きたい」という欲求、「好奇心」という欲求そのままが現れているからなのである。その動きこそ「クセの入り口」なのだ。


この本は、武道の本である。しかし、武道の形や技の解説書ではない。剣の達人伊藤一刀斎は、身体に具わる機能を十分に働かせること、それが剣の妙、極意だと記した。その言葉を紐解いていった結果が、本文にある〝全身の連動〟であったり、〝考えるな〟であったり、〝感じる〟である。

そこから言えば、西洋的な身体論ではない。もちろん、東洋的な身体論でもない。純日本の身体論である。

私は、この身体論をヨーロッパ各地で指導している。そして、まさかの西洋文化そのものの、クラシック・バレエの世界を始めとする、ダンスの世界からも招聘がかかり、毎年指導に行っている。

私は武道史に名を残す達人は、自然科学の科学者だったと位置づけている。なぜなら、「人」という自然を自然物として扱っているからである。

平成二十八年七月

日野武道研究所　日野　晃

（目次）

3 手ではない！ 肘を動かせ！……59

第2章

力の生み出し方1 〜ラセン……89

1 纒絲勁という連動システム……90

第3章

力の生み出し方2 ～体重移動……143

第4章

脱・意識 〜〝先入観〟の向こう側

※本書は1994年〜2014年に『月刊 秘伝』誌に掲載された連載・特集記事より編纂・構成し、新たな書き下ろしを加えたものです。

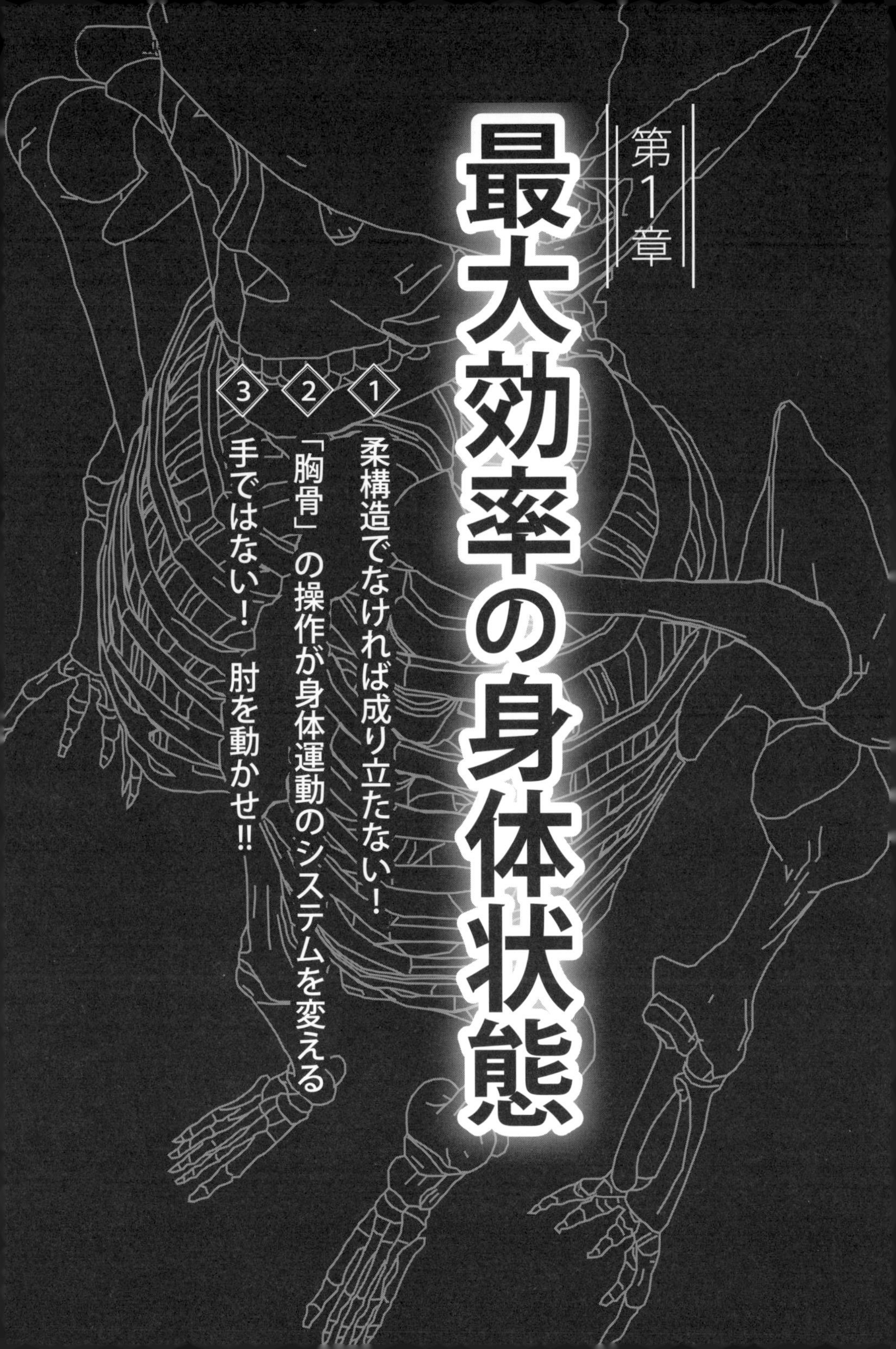

第1章

最大効率の身体状態

1. 柔構造でなければ成り立たない！
2. 「胸骨」の操作が身体運動のシステムを変える
3. 手ではない！ 肘を動かせ!!

1　柔構造でなければ成り立たない！

武道であろうが、スポーツであろうが、どんなジャンルやカテゴリーであっても、そこで展開される動きは全て「身体の全体・全身運動」として捉えなければ効率的な運動にはならない。

1―1　正しい姿勢　身体のどこが大事なのか

武道では腰が大事、丹田が大事だと言われている。もちろん、そうなのだろう。しかし、私の身体としての実感・体感は、未だそこには辿り着いてはいない。

だから、そのことを語れない。ただ言えることは、「腰が大事」というのは、腰が弱ければ、つまり、腰が緩んでいれば、力を出すことも受け止めることもできない。また、腰が力んでいれば自由に動けない。相手の動きに対応できない。

だからどうなのか？と言うと、絶対に「腰に力を入れてはいけない」ということである。そのためには、腰を意識してはいけない。腰を意識すると力みが生まれて、結局、腰で折れてしまうし〝身体全体を使って〟にはならないのである。

また、丹田ということだが、これも腰同様に「意識してはいけない」ということは言える。つまり、重要な身体部位や働きは、決して意識をしてはいけないということである。ここに稽古の難しさ、稽古の層構造が見えるのだ。

1―2　人に備わる機能としての「身体の仕組み」

人の成り立ちの一つとして、構造的な仕組みがある。つまり、骨格や筋肉系、神経系、そしてあらゆる臓器、血管、体液系等々だ。そして、そういった目に見える器官ではなく、直接目にすることができない、意識や感情、また意思や精神という構造だ。その構造それらを総称して「身体」と言う。中でも重要なことは、それらの構造物は互いに影響し合っているということである。

そして、構造にとって重要な共通項として、人体は〝柔構造〟だということである。

体内の臓器等は体液に守られ、またそれらは筋肉によって守られている。そして、丈夫で硬い骨でさえ、それらを繋ぐ関節部は軟骨というクッションになっている。

そういった〝柔構造〟という視点を持った時、それらは私達が住む地球という大自然にある生物特有のものだと分かる。樹であれ動物であれ、虫であれ、あらゆる生物は、〝柔構造〟を持っている。

それは、地球という私達が生きる場に、「重力」というストレスが働いているからだ。

いきなりの話だが、私が武道に取り組み、そして昔日の達人を目指し、稽古を重ねる中で、身体を考える上で重要だと気付いたことの一つが〝柔構造〟という考え方である。それは、熊野の道場で外の景色を見ていた時に、ふと閃いたことだ。

外はかなり強い風が吹いており、それに連れて木々が大きく揺れていた。揺れはするが、倒れない。当たり前のことなのだが、それを見ていて閃いたのだ。

現代の私達は、「武道」と言っても、それは空手や剣道、柔道、合気道、古武道他と想像される。そして、各々それを修練している人達も、自分の修練していることは武道だと認識している。

そして、その各々のジャンルの中には、それぞれ固有の「技」があり、それは伝統的に語り継がれていたり、巻物や書物として残っているものもある。それぞれ固有の「技」があるということは、固有の鍛錬法が存在するということでもある。

それらは、スポーツの世界でも同じだ。走るということに特化したマラソンやトラック競技、投げるということに特化したやり投げや円盤投げ、泳ぐ、跳ぶ、等と特化した競技があり、それぞれ固有のトレーニング法がある。

また、そういったスポーツではなくても、ダンスの世界でも、クラシックバレエやモダン、コンテンポラリー、ヒップホップ、社交ダンスでもワルツやラテン、フォックストロット他多種多様な動きを持つものがある。

もちろん、日本の舞踊や盆踊りなど、世界には限りなく多種多様な踊りがあり、それら全ては身体運動である。日常の仕事でも、身体操作が必要なものがたくさんある。庭師や森林事業、建設事業、大工他、これも限りなくある。

そういった、身体運動に欠かせないのは、それらそれぞれの訓練であったり鍛錬であったり、という練習法だ。それは単に、その動きの数を重ねていくという（熟練していく）練習から、筋肉トレーニングのような訓練等、それぞれに適した方法が研究され、それらは日進月歩の勢いだ。

しかし、身体を動かすということについて、もう少し根本的な視点を持てば、人が「生きる」というのは、間違いなく身体運動そのものの歴史だとも言えるだろう。生まれた直後は手足をバタバタするだけだが、数日経つと頭を動かす。そしてハイハイから立ち、歩く。

また、誕生から寿命が尽きるまで、人は一秒たりとも静止しないのだ。

「そんな馬鹿な」と思われる人もいるだろうか。目に見える運動としては「そんな馬鹿な」かもしれないが、身体全体から言えば間違いなく静止はない。

心臓が規則的に働き、血液は体内を循環する。ありとあらゆる臓器は働き、脳も活動している。目も動いているし、嗅覚も自動的に何かを感知している。と、物事を考えている意識そのものも活動している。

これらは全て身体内の出来事だから、紛れもなく身体運動である。

身体内部の運動が各々連携し、連関し合っているから正常に「生きている」を支えてくれているのだ。だから、その身体内部の運動が少しでも滞ると、不調になり、あるいは病気という症状が現れるのだ。

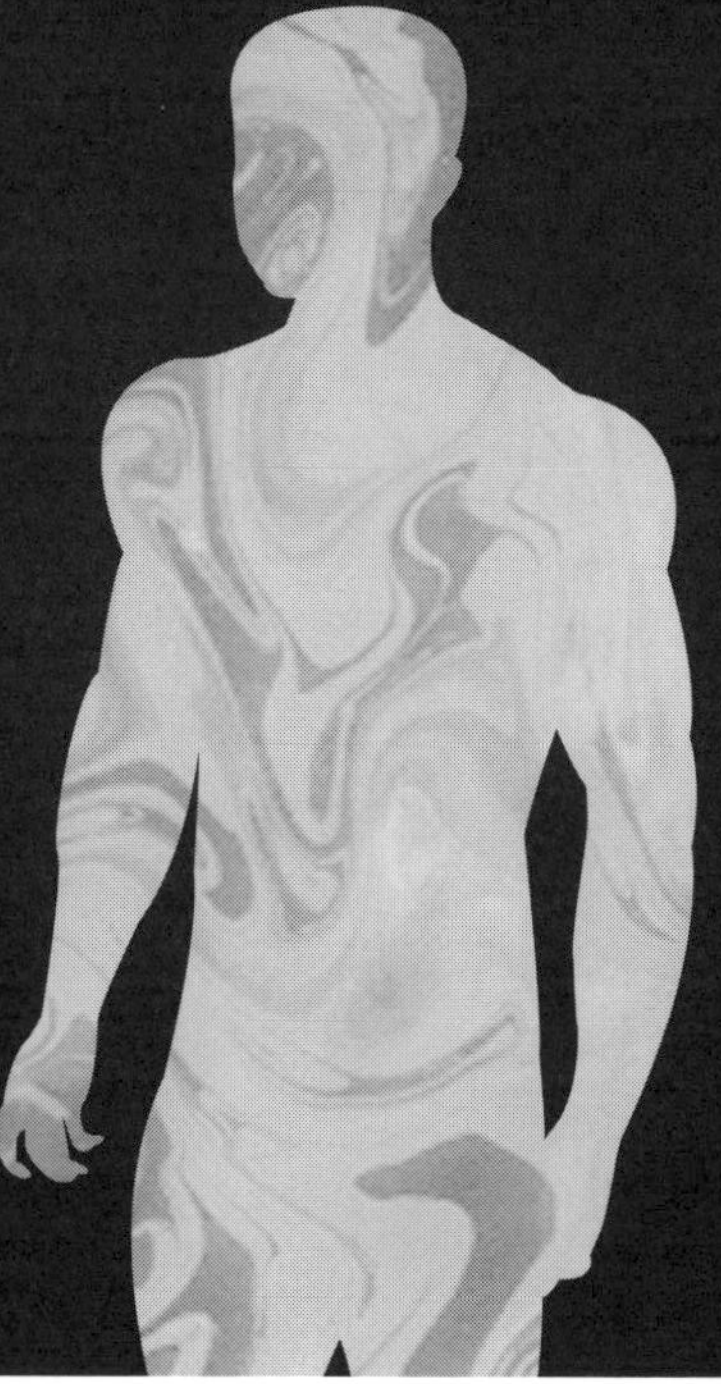

そこから言えば、身体運動の静止とは「死」ということだ。つまり、絶対安定は「死」である。

といった「身体運動」から、共通項を引き出すと、それは身体が「柔構造」でできているということになる。つまり、身体のどこをとっても、遊びがあるということだし、身体全体の仕組みそのものが柔構造なのである。身体は滞りなく連携し、運動し続けるようにできているのだ。

1—3 身体は「柔構造」だから時代を超えて生存している

この「柔構造」ということが、生命体でありその「種の保存」を下支えしている。もちろん、地球にかかる重力に耐えるのも、この柔構造のおかげだ。逆に言えば、重力があるから柔構造ができたのだ。何をたいそうなことを言っているのか、と思う人もいるだろうが、間違いなく、そのことが〝動く〟ということを考えていく上での基本となる。身体の動きは、身体の仕組みにそって、という当たり前のことの入り口である。

例えば、骨格だけを取ってみても、人体を構成するために約206本の骨がある。その接合部位そのものが、柔構造で構成されていなければ、身体を動かす度に関節部位が磨り減る。また、骨自体が重力や外からの圧力に耐えられず、たちまちの内に骨折することを想像できるだろう。

したがって、柔構造でなければ、動くということなどあり得ないのだ。ましてやスポーツや武道などできるはずもない。いずれにしても、〝柔構造〟こそが私達生命が地球上で誕生し、今日まで生存できていることを支えている、一つの要素であることは間違いないのだ。

1—4　柔構造は「遊び」の幅が決定する

人体の骨格は、関節によって繋がっているが、その関節は軟骨の存在で、骨格の動きによって起こる刺激をなくしたり、少なくするという役目と、関節を通して可動性を受け持つという2つの役目を担っている。

これらの仕組みを持つ身体を「いかに使うことが、その仕組みにとって合理的なのか」を考えなければならない。

その問題を解くヒントとなってくるのが、全体としての柔構造とその柔構造の核になる関節である。

関節は、軟骨をクッションの役目として、骨格の働きを助けている。つまり、関節は骨格を柔らかく使うためのキーポイントになるのだ。

その「関節の繋がり」を人体にとっての〝ハード〟だとすれば、人体は柔構造だからそれにそって、という考え方の方向性を持つこと、つまり、「思考そのもの」が〝ソフト〟になる。

そして、柔構造そのものに対する（身体運動として）実際的なこと、また（身体運動を考えるために）実際的な思考としては、そこに関節という「遊び（幅・ゆとり）」を持った接合部位があり、その「遊び」ということを考えどれだけ応用していけるかが、この柔構造を実際として使えるポイントとなるのである。

そして、その考え方という〝ソフト〟が、そのまま武道における「技」、昔日の達人の「技」ということになるのである。

1—5　最先端の建築は「柔構造」だが、古来の日本文化にはすでに存在していた

阪神淡路大震災で、多くの建造物が崩壊したことは記憶に新しい。原因はいろいろと上げられるだろうが、中でも多くの建造物が耐震構造で作られていなかったことが、基本的な原因として取り上げられている。その意味で、その後の建造

約206本の骨から構成されている骨格は、その接合部位が〝柔構造〟になっていなければ、運動体として存在し続けることができない。

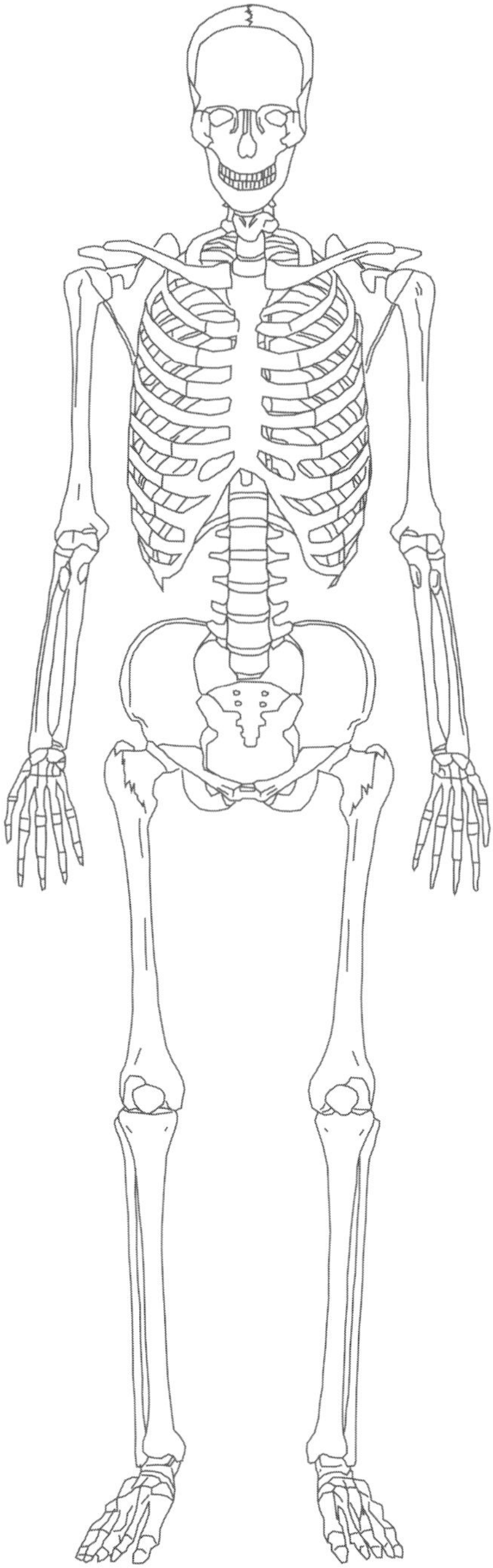

物は耐震ということを頭におき作られている。

したがって、各々の建築会社は独自の耐震構造を開発したり、免震構造という発展をさせている。

また、現在生産されている自動車等も、衝突時のショックを和らげるための、耐震構造を取り入れるようになり、素材も工夫されている。

科学の最先端にある、宇宙開発のためのロケット等も耐震構造を研究し、実際に次世代の宇宙と地球を結ぶ乗り物として、完成に近づいているそうである。

何を言いたいのかというと、これらの核になるのは「耐震構造」であり、それは前述した〝柔構造〟の一部だということだ。

この最先端の考え方である〝柔構造〟は、日本の文化の中には古くからあり、もちろん、今も現存する。その代表的な建造物が、奈良の三十三間堂（1165年頃建造）や興福寺の五重塔（730年建造。1426年に再建）だ。これらは〝柔構造〟で建てられているのだ。

つまり、現在最先端の考え方である耐震構造は、一千年以上も昔の日本にはあったということで、すでに科学の最先端だったということである。（簡略化して言うと、柱等の接合部は全て固定されているのではなく、複雑な継ぎ手によって接合されている。そして、その接合部には「遊び」があり、それが地震の揺れを吸収するのだ。詳しくは拙著『武学入門』で解説している）

このことの一つは、周知の通り日本は地震国、台風国、そして島国であるというところに由縁する。そういった大自然の条件が、全ての物事を考える上での基盤になっているのだ。その意味では、世界で最も大自然と向き合って来た民族なのだ。

そこで生まれた考え方が、自然との共存であり、ここでいう柔構造的思考法なのだ。ここが西洋の対立的な思考とは全く異なる点である。自然と対立したり対抗する、つまり、大自然を制圧するのではなく、共存するという考え方が日本人の思考の基盤としてあり、それが神道や仏教の教え、禅の教えと相まって独特の文化を形成して来たのである。

もちろん、それは武道ということ、その達人というところでも共通してくる。というよりも、そういった土壌に育ち、それをしっかりと見据え、活用した者が達人になったと言えるだろう。同時に、日本文化の体現者でもあるということである。

達人の要素はいろいろあるが、その一つがこの〝柔構造〟という思考から発展させた「技」を獲得していたから「衰え

ない力」を発揮していたのである。だから、日本伝統武術の現れとしての「技」は、ジャンルを問わず〝柔構造〟という本質を備えていなければならないと言えるのだ。

そういったことを、現代において明確に継承されているのが、武神館の初見宗家だ。その初見宗家の元に、外国の方達がこぞって学びに来るのは、宇宙飛行のロケットが〝柔構造〟でなければならないと気付いた、西洋科学側の気付きと重なるのだ。

つまり、世界は日本文化の素晴らしさに気づき始めたということであり、西洋的な対立・対抗的思考ではなく、柔構造的な思考に方向転換しているということなのである。

1—6 柔構造的な考え方は「全体の有機的な繋がりを考えること」という全体を持つ

さて、実際の身体の仕組みとしての柔構造だが、これは外部からの圧力を、全身の有機的な繋がりで吸収したり、逆に力を出したりするということである。

全身の有機的な繋がりというのは、全身を連動させて使うということだ。足から拳、またその逆の手から足、そういった、身体の末端部位（手や足の指先は、身体全体から見れば端、つまり、末端になるという考え方）から力を出したり、力を吸収させたりするためにある。

単純化して言えば、腕力だけに頼ったり、体格的に恵まれているからといって、筋力だけ、身体の一部だけに頼ってはいけないということになる。それらでも、もちろん力を出せるだろうし、相手の力をはねのけるだろう。しかし、それはあくまでも自分と同等か、あるいは、自分よりも小さい力、体格的に小さな人には、である。

そして、そういった単純な力は年と共に衰えるという性質をもっており、結局のところ若さには勝てないという、ごく自然な流れになるのだ。

また、「全体の有機的な繋がりを」というのは、相手との関係性も考慮しなければいけないということである。これは基本中の基本で、全ては相手との関係性の中で成り立っていることだからだ。現存する千年以上前の建造物こそ、相手との関係性、つまり、環境との関係性を熟知しているからこその柔構造である。

したがって、相手との距離、相手のスピード、そういった諸々の要素全てがある中で、自分をどう活かしていくのか、である。

例えば、相手が顔面をめがけて突いて来たとする。それを

腕で払いのけるのは、相手の突きという力と衝突している。ここには相手の「突きたい」という欲求があり、それを払いのけるのは欲求を遮ることで対立・対抗している。また、相手がこちらをつかまえて投げようとした時、腰を落として投げられないようにする、というのは、相手の「投げたい」という欲求に対立・対抗していることだ。

これらの例を、柔構造的にクリアするという場合、それを支える要因を武術的に言えば、見切りの大事さ、そして、その見切りがあるからの入り身の大事さ、ということがある。そして、相手が攻撃をする、という意思の起こりを察知できる、という要素がある。

これらの相手との関係性での技術によって、こちらの〝全身〟を使うという、柔構造的動きを体現できるのだ。

と専門的に書けば、専門でない方達には何のことかサッパリ分からないだろう。

それを分かりやすくキャッチボールで説明しよう。野球の場合に限らないが、球技の場合は基本的に、身体の正面で、あるいは身体でボールを捕れという言い方をする。それが入り身なのだ。

投げられてくるボールが遅い場合は、捕球する時の衝撃が少ないので、腕を伸ばしてそのまま捕球ができる。この場合、

キャッチボールにみる「柔構造」

遅い球は腕を伸ばした状態で捕球できる。

速い球になると、腕をはじめ肩や背中、腰、膝など全身を連動させ捕球する。

捕球から送球の動作も加えると、なめらかな全身運動ができなければ一連の動作が遅くなってしまう。

遅いボールと捕球地点を見切っているから、確実に捕球できるのだ。しかし、ボールが速くなってくると、衝撃が増すので腕を固定していては捕球できない。その場合、知らず知らずの内に、身体が動いていたり（そこも的確な入り身ということである）、腕や身体をクッションとして使い捕球しているはずである。

プロの選手は、腕だけをクッションにしているのではなく、肩や背骨まで、また運動能力の高い人であれば、膝も腰もクッションにしている。そして、そこに次の動作としての送球があれば、腕全体ではなく、足・膝・腰・背骨まで総動員させている。

つまり、身体全体で捕球し、送球という動作までを関連づけた全体運動をしているということである。

それが、柔構造にそった、柔構造的な動きだと思って頂ければ良い。そして、この動作が滑らかになっていった時、メジャーリーグで活躍する選手のように軽いフットワークが自然に実現し、それはまるで動物の動きのように見えるのだ。

もちろん、オリンピックレベルのスポーツ選手の動きは、全てこの柔構造的動きなのである。

1―7 思考も柔構造、つまり、どれだけ思考が柔らかいかで、不確定な物事に対処できる

日本の伝統的な建造物は、千年以上の年月を耐えている。その年月の間に、どれほどの天災があったのか想像に難くない。梅雨時の湿気、夏場の台風、冬の風雪、そういった温度差を含めた環境の変化、そして小さな地震から大きな地震まで。大自然が起こす相当のストレスに耐え、現在でもその美しい姿を誇っている。

それは、ここまで書いている〝柔構造〟という建て方や材料の吟味、環境に応じるという要素があるからだ。それを実現させているのは、どんな変化にも対応できるという考え方である。

余談になるが材料の吟味ということでこんな話も残っている。当時の一つの建造物が完成するのは、建造後200年後だという。つまり、それくらいの年月が経たなければ、木という生き物は落ち着かないというのだ。どうして、その時間が棟梁には分かっていたのか不思議でならない。まさか200年も生きるはずもないだろう。そういったことを理解している人が、棟梁をしていたから現在も残る建造物を建てていたのだ。

どんな変化にも対応するというのは、武道の実際と同じである。武道の実際とは、敵は一人とは限らない、敵の武器は決まっていない、敵はいつ攻めてくるのか決まっていない、という不確定性三大要素がある。

このどれを取っても、確定されたものはない。したがって、「これはこうだ」と決めつけた考え方しかできなければ、それは死を意味するということである。例えば、敵は一人で武器は槍と決めつけた時、敵は三人で武器は槍と刀と弓であれば、たちまち危険に身を晒すことになる。したがって、現代風に言えば、常に発想の転換を求められるということになる。その状況から「居着くは死、居着かざるは生」という言葉が生まれたのではないかと考える。

そしてこの言葉は、私自身が技を考える上での師匠だ。そこから、少し飛躍するが「相手に動かされる」という逆転の考えもあることに気付いたのだ。それは、柔構造そのものが、風と対抗しない、地震と対立しない、という要素から閃いたことだ。「相手の力と衝突しないように」、ここが武道の実際

の肝になるという発見である。

相手の力と対立・対抗するというのは、根底には「自分の思ったようにする、できる」という単純な欲求が支配しているということだ。であれば、その技術は、単純にならざるを得ない。結果、自分の思ったようにするし、できるのは、自分よりもレベルの低いもの、あるいは、自分よりも弱い人間に対してしか通用しない、という限界性を持っているのだ。

しかし、それと同時に、いくら全てが不確定であったとしても、何かしらの確かなものがあるのではないか、という探求もあっただろう。それが、目に見えない気配を察知したり、意識の発動を察知するといった方向だ。しかし、よくよく考えれば、気配の察知や意識の発動の察知は、動物であれば当たり前のことだ。それがなければ、生きのびていくことはできないし、子育てもできない。種の絶滅を意味するのだ。

その意味から行けば、これらの察知能力は自然なものであり、現代人の我々は退化、あるいは、失われていても不思議ではない。もちろん、それらは身の危険を察知するための能力だからだ。当然、社会が安全になればなるほど、その能力は不必要になるからでもある。

冒頭で、スポーツや武道には、それぞれが持つ個別のトレー

目隠しをした状態で、つかまれている手首から相手の突き込もうとする挙動を察知し、相手に同調する動きをもって崩す。この一連の動きをつくっているのは相手の動きそのものに他ならない。相手の欲求に対抗しようという応法は、自分より弱い相手にしか通用しない。誰にでも通用する技を求めた武術が選んだ方針は、〝柔構造〟をもって応じ、相手自ら身を崩すべく動く、というものだった。

ニング法が備わっていると記した。それはそれぞれに適しているのだから、間違いではない。しかしそれ以前に、身体の仕組みとして、その仕組みを知るためのトレーニングが必要なのだ。いずれにしても、自分の身体を使う、自分の身体を用いて何がしかを表現するのだからだ。

〝柔構造〟ということを、身体を通して知っていなければ、個別のトレーニングだけでは成長限界が見えてくる。

1―8　柔構造として使うには

しかし、身体の構造として柔構造だから、それは実際の日常として、あるいは、スポーツとして武道として使えるのか、使えているのかと言うと、残念ながらそうではない。例えば、身体の稼働領域が人並み以上に大きい人がいる。まるで、軟体動物のように見えるほど柔らかい。しかし、だからといって、その柔らかい身体を柔らかく使っているのかというと、そのほとんどの人は硬い。柔構造として使われてはいないのだ。

ここに〝身体を使う〟という新たな教育が必要なことが分かるだろう。

柔らかく使うというのは、「柔らかく見える」ということが鍵になる。柔らかく見える一般的なものは、ブレイクダンス系のダンスが分かりやすい。ウェーブのように滑らかな動きが、柔らかく見える典型である。これは、身体を「連動させる」というやり方だ。もちろん、ダンスの連動とここでいう連動は似て非なるものだ。それは、武術の場合や、スポーツの場合の連動は、その連動という要素を使って「力が出る」でなければ意味がないからである。

もう一つ身体の動きが硬く見える原因がある。それは、自分の「クセ」だけで身体を動かしているからだ。クセだけで、というのは、連動するように教育していない身体、という意味である。つまり、誕生から自然成長的に育った身体。自然成長的に憶えた動き。好き嫌い趣向だけを、日常を生きる上での判断基準としてきた身体であり、考え方を持つ自分自身だということである。

では、その〝自分自身〟、自分自身の身体運動や動きをどう教育していくのか?そこを日野身体理論として展開していこう。

2 「胸骨」の操作が身体運動のシステムを変える

日野理論の実際としての肉体操作で、その核になるのが「胸骨の操作」である。

余談だが、私の言う「胸骨」操作でのポイントとなる場所は、実はヘブライ語で書かれた医学書、解剖学書の中に「The Key to the Heart」と書かれてあるそうだ。そのことを、2016年年2月に行ったAmsterdamでのClassicBalletのためのワークショップで知った。ワークショップを受講してくれているイスラエル人のダンスの先生が、調べて教えてくれたものだ。

私が発見したポイントが、実は大昔のヘブライの医学書にあったというのは大変興味深い。歴史、そして人や遺伝子は、民族や国境を超えて繋がりを持っていることの可能性を見せてくれた感がする。

胸骨操作は、基本的には前後運動、上下運動、8の字運動とあり、腹部との連携や脊椎や背中部との連携をすることで、全身運動へと繋がるのである。

したがって、胸骨を操作した結果として、脊椎から繋がる腸骨筋と大腰筋（俗に腸腰筋やインナー・マッスルと呼ばれている）を鍛える役割を持っている。その意味で、身体運動にとって重要な、手や足から力を発揮しやすくなるのである。また、胸骨を意図的に作動させることで、胸骨に隣接する肩甲骨を働かせることに繋がる。このことで、肋骨を含む上半身の自由性が生まれたり、腕の可動領域を広げることができる。そして、胸骨を通した脊椎の運動は、骨盤への連動を促し下半身の自由性や強度を増すのである。

つまり、「胸骨の操作」は、脊椎運動を通して、身体を連動させて、手や足から力を出すばかりか、運動効率を高める〝身体の要〟とも言えるものなのである。

2―1　身体の仕組みから見れば

脊椎から腰椎には、全身を働かせる筋肉（外側筋列・内側筋列）がくっついている。つまり、胸骨の操作とは脊椎から

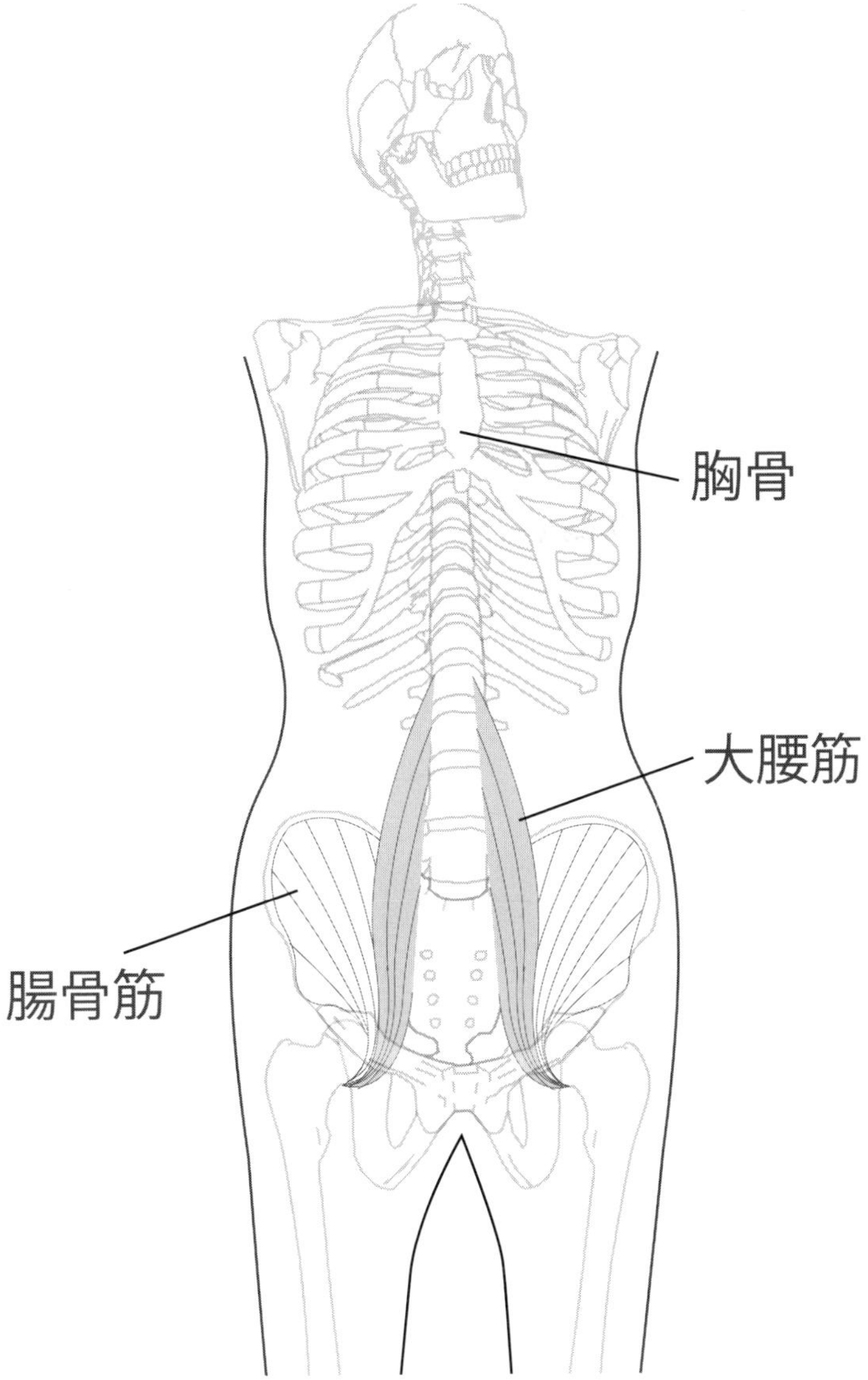

胸骨操作は、身体の要たる脊椎運動をもたらし、結果として腸骨筋や大腰筋などの、まさに体幹中枢部を担うインナー・マッスルを鍛え上げる。

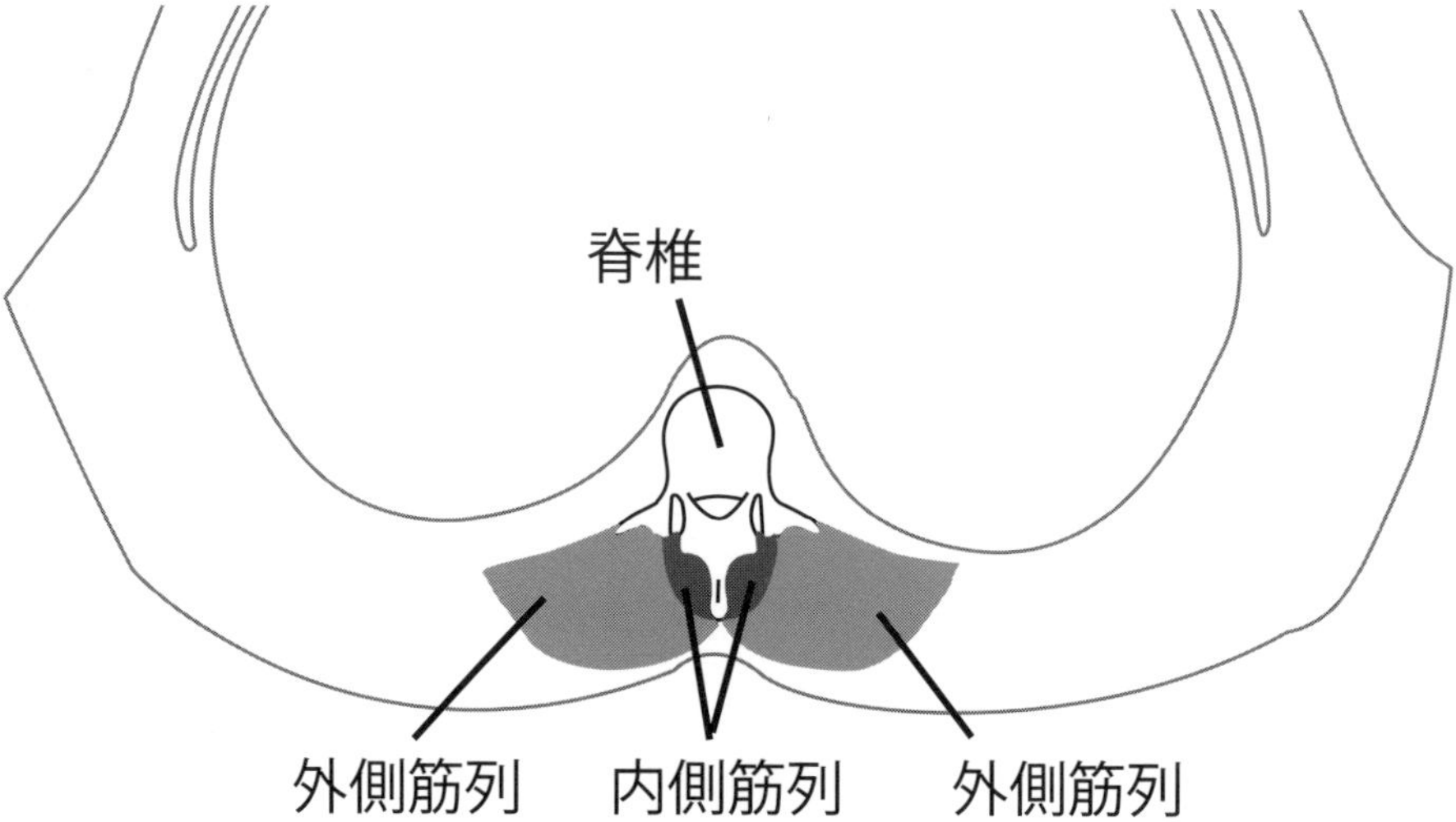

背中側

腰椎と骨盤から膝にかけての全身の運動にほかならないのだ。

ではなぜ脊椎の運動、一般的にいう「背骨の運動」として捉えないのか。

ここには、身体の罠・人の仕組みとしての罠がある。

身体は、自分自身のかすかな欲求や意思他を、無意識的に運動に変換させ動きや運動を成立させている。つまり、身体は意識や無意識、心理、生理的欲求や反応等とも、相互に影響し合い、自動的に身体を動かす、という無意識的バランス体なのである。

その身体の持つ能力を妨げるのが、これまた無意識的な緊張だ。心理的な動揺、生理的な反応、意識に上がってこない違和感、意識した目的、それらが身体能力に完全に影響を与えるのだ。そこがメンタルトレーニングの必要性や、イメージトレーニングの必要性ということになっているのである。(昔日の武芸者は禅や滝行などに求めた)

逆に言えば、意識の使い方一つが、身体能力を効率よくするということも言えるのである。

「背骨の運動」だとした時、当たり前のことだが「背骨を動かそう」ということに注意が向く。そうすると、背骨を動かそうとその部位に注意が向くので緊張する。その時、トレーナーやコーチ等指導する人から注意を受けると、今度は気持ちが緊張し、背骨のしなやかな動きを作る目的とは程遠い、ぎこちない動きになる。そんな相互関係を持つのが身体である。

ここが身体に潜む罠だ。だから、どんな言葉で身体に指示を出すか、あるいは注意をするかということが、全ての身体運動にとって非常に重要なのである。

2―2 胸骨操作の実際と日野理論

最初は「胸骨の引き上げ」と呼んでいる運動だ。胸骨を引き上げることで、胸骨を取り巻く周囲を体感することだ。日野身体理論で、他の運動理論と最も異なるのは、この「体感」である。

日野理論での「体感」とは運動を作り出したり、運動効率を上げたり、身体を連動させたり（全身運動の実現）のために用いるキーワードである。

この体感の質、つまり、精度を上げていくことが質の向上であり、成長ということになる。もう少し詳しく説明すると、最初は何となくその辺り、という感覚しか持てないが、そこという一点になり、その一点がどんどん小さくなり、それこそ針の先ほどの一点を体感できるようになること、さらに、その点を繋げることで線として感じ取れること。そして、最初はかなりの圧力でなければ感じ取れない外部からの情報を、どんどん微細な圧力でも感じ取れ、その圧力の方向や量に応じて身体が動いてしまうこと。それが質の向上であり、成長なのである。

現代風に言えば、胸骨点にドットを感じとり、そのドットを極限まで小さくする。同時に身体全体にドット感を作り出し、それらの点を感覚を使って線にする、こんな作業である。

この「体感」されているポイントを線として繋いでいくことが「連動」の実際になる。いわゆる全身運動になるのである。この「連動」も日野理論では核の一つだ。

そもそも、身体運動は無意識的であればあるほど、つまり、身体をどう動かすのか、ということを、一切注意しない、意識にも上がらせない状態の時ほど、身体が本来持っている合理的な動きをしている。例えば、寝ている時の寝相は、誰しも連動をしているものだ。しかし、身体に対して意図的になればなるほど、先ほどの寝相からは程遠く、ぎこちなくなり連動からは、かけ離れた動きになるのである。

であるから、意図的に「連動」を作り出し体感する。そのことで、「体感」を身体に記憶しなければならないのだ。

ここでは、胸骨の引き上げと胸骨操作と直接関係のある「背骨の体感」をトレーニングする。

まず、足を投げ出して座る。この時、床と骨盤が接している部位の〝圧力を知覚する（上半身の重さ）〟。次に、そのまま仰向けに寝ていくのだが、骨盤が床に接している部位から、知覚された圧力が途切れないように、腰椎・脊椎・胸椎・頚椎へと進めていくのだ。

この知覚部位が「線」として感覚できるまで練り上げていくのがトレーニングである。しかし、間違ったり勘違いしてはいけないのは、この「知覚」は、決して自分自身の想像や思い込みといった幻想ではない。あるいは、身体内部を勝手に感じているということでもない。あくまでも、床に接している部位に対してかかっている、身体の重さや圧力、といった刺激に対するものである。

でなければ、その知覚は〝思い込み〟の範疇であり、〝思いは自己完結〟しているので、実際的に、例えばその連動を使って、腕や足から力を出すということを、人に対して試みても永久に作用させることはできないのだ。

というところが、実際的な稽古時の重要事項である。

次に、立った状態で胸骨の引き上げを行なう（36ページ参照）。この時、自分自身の意識は〝胸骨を引き上げよう〟になっているため、床や地面に対して、意識・注意は向いていない状態だ。体感的には、床に対して力が働いていない、いわゆる重心が浮いたような感覚がある。

しかし、それは感覚や先入観の成せる業で、実際には下半身、つまり、足に体重が乗った状態になっているのだ。足を床に対して「踏ん張る」と、床に重さが働いているように感じるが、実は床から浮いた状態になっている。それは、壁に対して手の平を押し付けているのと同じだ。壁に力を加えると、当然のこととして、身体は壁に押し返される。それが足を踏ん張った状態なのだ。

この胸骨の引き上げでの足には、そういった踏ん張りはない。足が床に乗った状態、足を置いた状態である。だから、重力が床に対して垂直にかかっているので、自分の体重は足に乗り、床に対して強いのである。

次に「胸骨の引き上げ」を別の角度から行なう。それは腕を使う。別の言い方をすれば、腕から胴体部にかけてのストレッチでもある。

まず、使う腕の側に体重を乗せる。極端な方が分かりやすいから、右腕を使うとすると、右足体重で片足立ちになるくらいが良い。脇腹を上に伸ばすと胸骨が上に上がる。その胸骨を上に上げ、次に脇を上に伸ばす。そして肘、手首、指先へ順に伸ばしていくのだ。

背骨の連動

骨盤と床の接地点の圧力を知覚する。

1で接地している骨盤の位置から繋がるように、骨盤に対する圧力を知覚する。後ろに倒れる時、腹筋を主に使って姿勢を維持するのではなく、腹部を徐々に緩めることで姿勢を作る。

骨盤から腰椎、脊椎、と順に圧力を知覚していき、胸椎辺り（胸骨中央の裏）までは、お臍を見るような感じで倒れる。（女性の場合は）ウエスト部分は特に接地しにくいので、後転をするようにして足を持ち上げるのがよい。

知覚点が胸椎辺り（胸骨中央の裏）に来た時、そこから首の根本までは「胸骨の引き上げ」の作業を加え知覚していく。胸椎から頸椎にかけては非常に接地しにくい、つまり、知覚しにくい点だが、「胸骨の操作」での重要な位置を占めるので、時間を掛けて「胸骨の引き上げ・引き下げ」を繰り返して欲しい。

胸骨の引き上げ

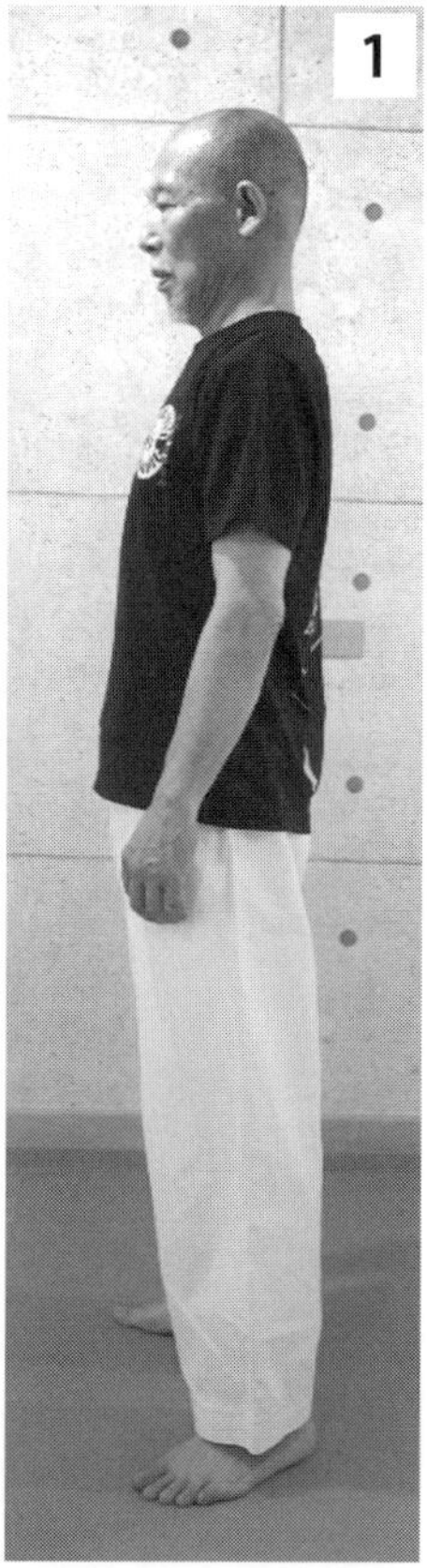

足を肩幅に視線は真っ直ぐ正面を向く。

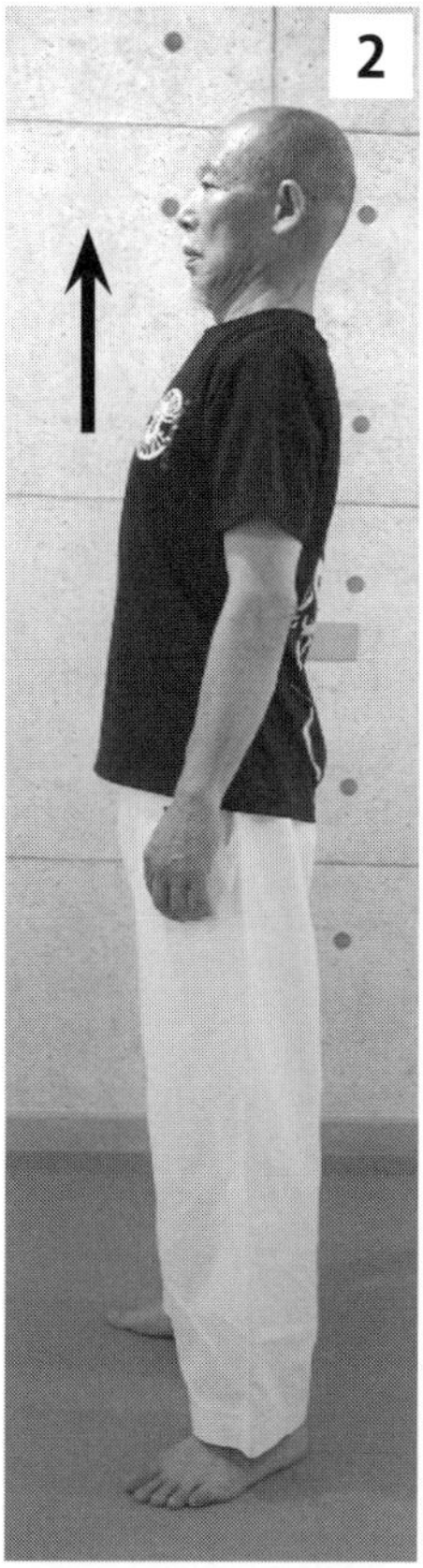

胸の真ん中（乳首と乳首の中央）を、上に向かって引き上げる。胸を引き上げる時、両肩は上がってはいけない。また胸を引き上げている時、両脇腹、腹部の上下の筋肉の引っ張りを知覚する。同時に、骨盤が後ろに少し出ていくのを知覚する。動かないのは腰部が緊張しているためで、その時は、意図的に後方に誘導する。

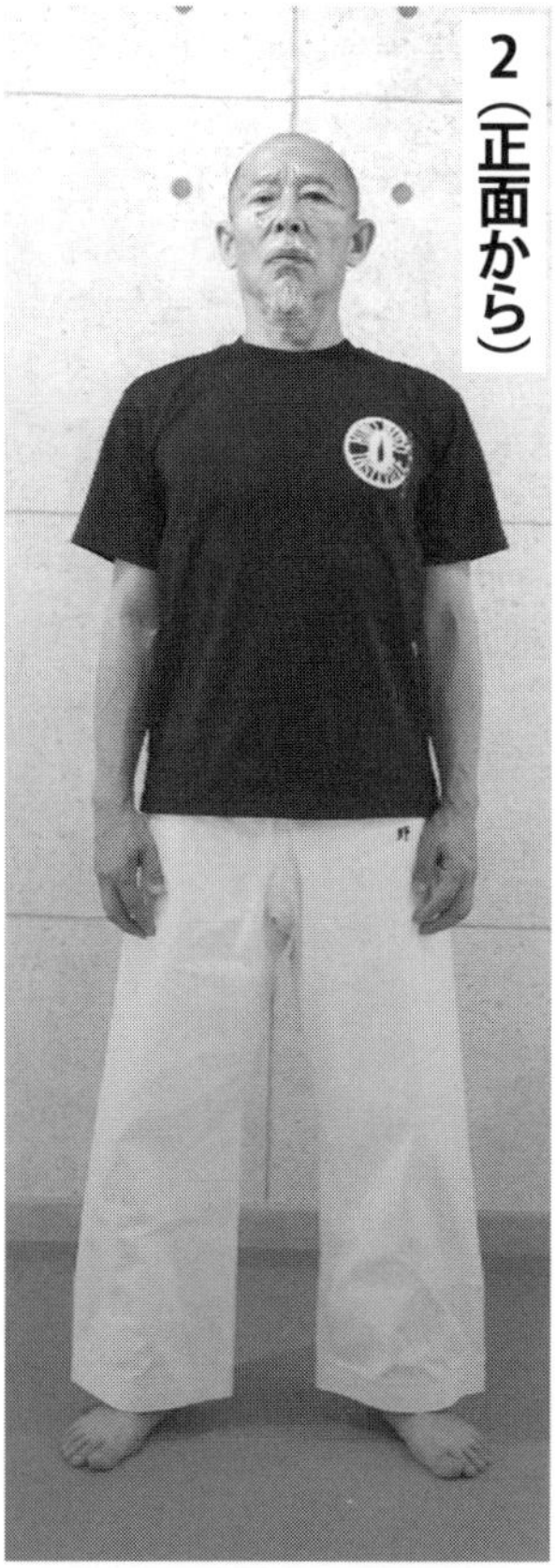

写真は胸骨の引き上げを正面から。一方、胸骨の引き下げは腹部を緩める事で行われる。腹部を緩めた時に、骨盤が前方に移動することを知覚する。

足を肩幅にし、手を頭の後ろに回す。手が頭より前に来ていると、肩胛骨と背骨との連関がなくなるので注意すること。

手を頭より前に来ないように上に上げていく。手が上がりきった時、脇腹の引っ張りを知覚する。

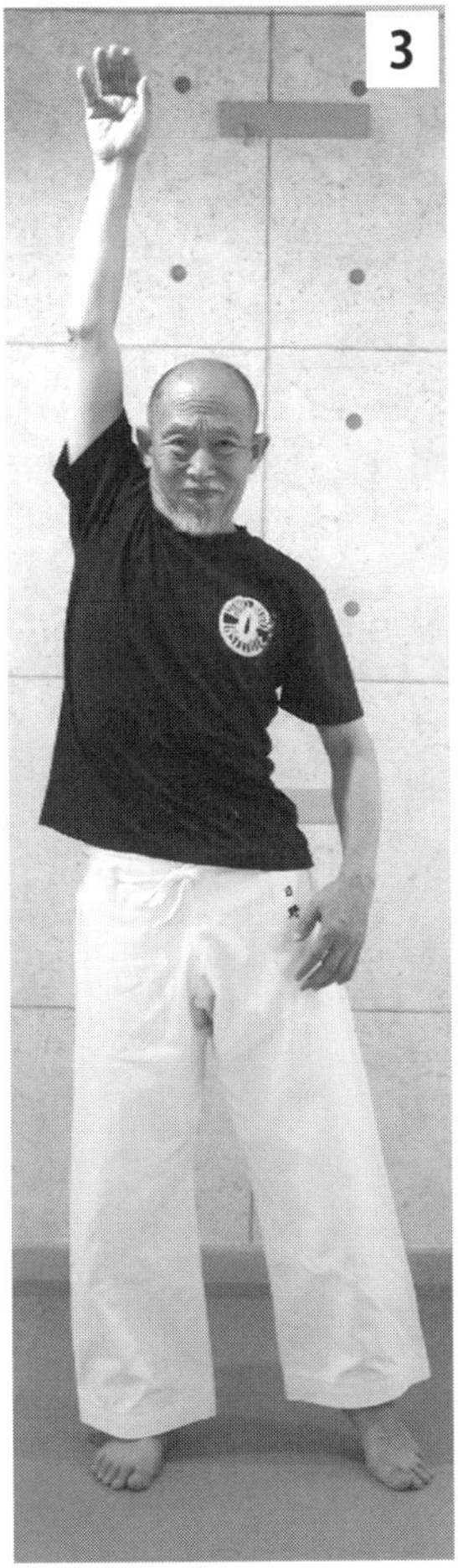

手が上がりきった時、脇腹の引っ張りを知覚する。手が上がりきった時、体重はこの場合だと右足に自然にかかる。つまり、上げている手の方に体重が掛かるから、その方に充分に移動させる。脇腹の上への引っ張りと同時に、骨盤の下移動を誘導する。

胸骨操作の検証1

「胸骨操作の検証」注意点
持ち手側の人は相手の力に逆らって動かすのではなく、きちんと固まった状態を維持することが大事。そして、これらの検証は常に行なうのでなく、それぞれの個別の稽古（個人練習）がかなりできたと思った時にだけ試すものである。でなければ、この検証のための稽古をすることとなり、本質的な稽古ではなくなるので注意すること。

体重を右足に充分に乗せ踏ん張る。膝辺りを抱えゆっくりと引っ張ってもらう。すると、耐えきれずバランスを崩す。

今度は右手を上げ、脇腹を知覚し骨盤の引き下げを確認。するとバランスは崩れず、左足を上げることも可能となる。

胸骨操作の検証2

固められた時、胸骨を引き上げた状態を作る。胸骨を徐々に引き下ろすと、骨盤が床側に引き寄せられる。骨盤が床側に引き寄せられた時、足は床に付いている。これも腹部の緩みと知覚がポイントになるので、胸骨裏から骨盤に掛けての知覚を徹底的に訓練しなければならない。

1

2

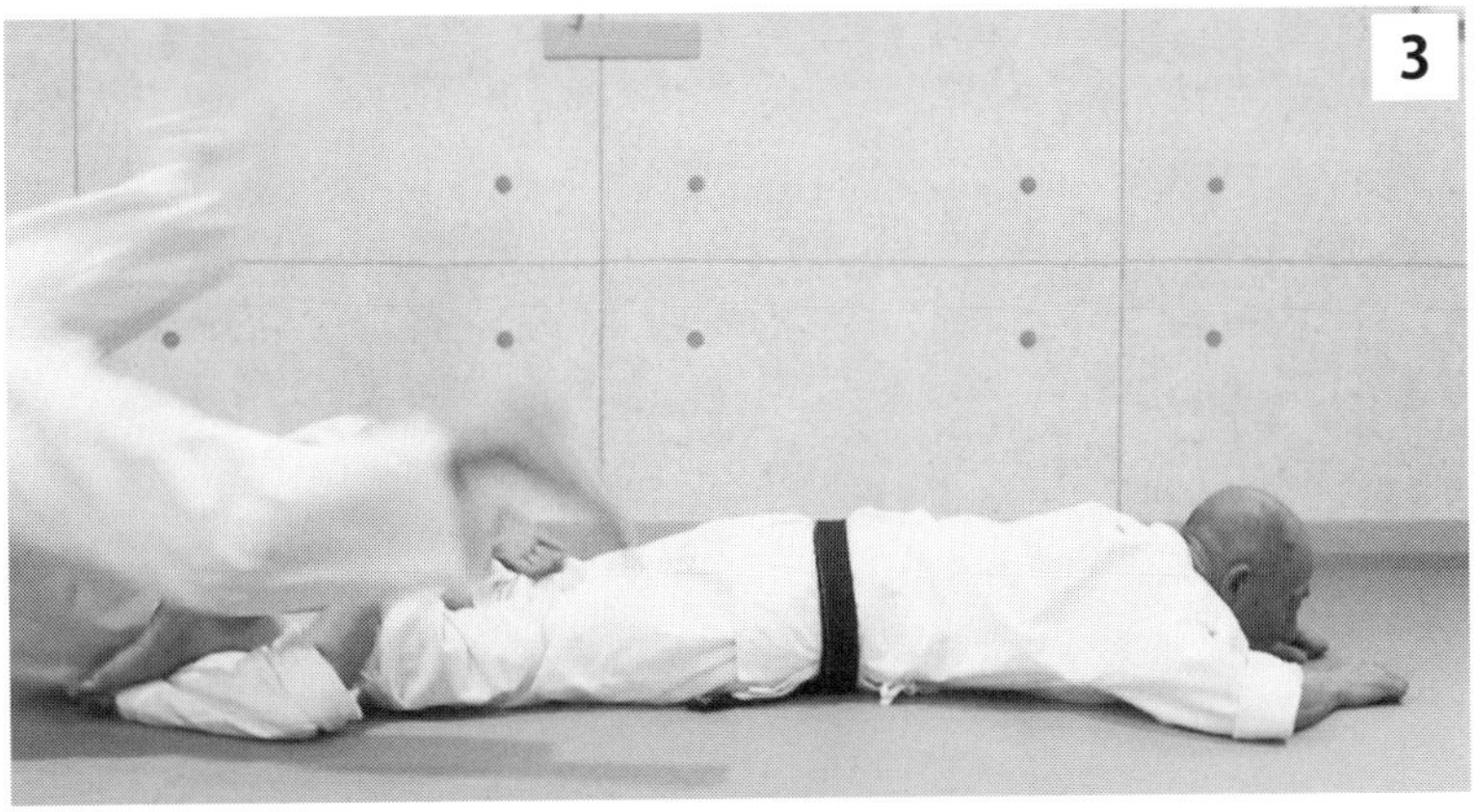

3

そのストレッチで、腸腰筋が伸ばされる。その事で、上半身と下半身が繋がるのだ。結果、先ほどの単独の胸骨操作の時よりも、足は床に対して強くなっている。この腸腰筋の伸縮を使うと、足から力が出る。また、伸び切った状態の腕は、腋の下のストレッチをそのままにし、肩の高さに下ろしてくると、広背筋等も動員して腕から力がでる。広背筋を動員しているということは、胴体の重さを使えるということでもあるからだ。

2—3 意識のありように対する「監視」と「入れ替え」

武道であろうが、スポーツであろうが、どんなジャンルやカテゴリーであっても、そこで展開される動きは全て「身体の全体・全身運動」として捉えなければ効率的な運動にはならない。その実際化の入り口が、ここでいう「胸骨の操作」である。

私にとってのコロンブスの卵だった肘の運動は胸骨に、そして身体全体運動へと飛躍した。

さらに、結果としてのその探求は、「身体運動」というヒトの普遍的な仕組みを知ることとなった。

稽古自体は身体運動だが、実はそれは自分自身の意識の在りように対する、監視と入れ替えという運動でもあるのだ。つまり、自分が何をやろうとして、何をしているのかを監視し、思い込みの側に向いていれば、即座に意識を具体の側や感覚の側に、入れ替えをしなければいけない、ということである。

2—4 大事なのは背骨、だから〝背骨〟じゃない！

話は前後するが、胸骨操作が重要だと考え付いたのは、戦国時代の戦からである。昔日の侍達が戦国の世、甲冑に身を包み戦をしていた。しかし、その不自由な状態でどうやって戦をしていたのだろう、という疑問が、身体操作を考える上でのヒントだった。

甲冑は誰でも知る通り、敵の刀や槍他の武器に耐えるように作られているので、剣道の防具のように軽くはない。おまけに2キロから3キロはある兜を頭につけている。それを加えて、甲冑一式は平均で20キロ前後だという。もちろん、重いものになれば30キロ以上はゆうにある。

その重量で、静止しているだけ、あるいはちょっとした時間動くだけならまだしも、生死を賭けた戦をしていたのだ。

その重さに耐える身体運動とは？

また、剣道の防具でも十分動きにくいが、それ以上に鎧のインナーの鎖帷子でしっかり固定されているので、不自由この上ないはずだ。にも拘らず、敵と戦わなければならない。つまり、不自由この上ない状態で、自らの武器を操作し、敵を攻撃し、敵からの攻撃に対処しなければならないのである。

という二点から、昔日の侍はどういう身体操作をしていたのかを考えたのだ。そこで一つの仮説として、そういった不自由な状態で、身体操作に相当の工夫をした人、そういった人が後々達人と呼ばれる人になったのではないか、と考えてみた。

つまり、全ての人が工夫をしたのではなく、ごく一部の人だけが工夫をしたと考えたのだ。

武道とは全く縁のない話だが、京都には有名な祇園や先斗町等、多くの花街があり、そこには沢山の舞妓さん達がいる。ほとんどが十代の女性だ。この舞妓さん達の冬物の衣装は、だらりの帯や、履物までいれて総重量20キロを超すそうだ。まるで甲冑なのだ。その重装備で、お客さんに呼ばれ御茶屋から御茶屋、そしてお座敷からお座敷を、足取り軽く回るのである。舞妓さんは女性だから、男性よりも筋力は少ない。にもかかわらず、お茶屋からお茶屋、お座敷を回り、舞を披露するのだ。

まさか舞妓さん達が、筋力増強トレーニングをしているはずもない。逆に女性らしさしなやかさも芸の一つだ。ということは、筋力をつけるのではなく、どれほど力みを取り除くかが勝負だということだ。もちろん、そういったことを特別に習うのではなく、行儀に所作、舞等を通して身につけていく。当然、そこには姿勢という、骨格にとって大切な要素がある。

野生の動物達、いや、野生に限らず動物は筋肉トレーニング等のトレーニングをしない。というのも、私にとっては大きなヒントになっている。

2―5　全体重を〝力〟にする方法

「胸骨操作」の意味の一つは、背骨の稼動にある。そしてそれは、身体全体、体重全部を使う、ということに由来する。また一つは、腕や足を胴体部分と有機的に繋ぎ、その両方から力を出すということにある。腕は肩甲骨や肩関節を通し、足は骨盤を通して胴体と繋ぐのだ。そこに、それらを繋ぐための器官としての背骨があるという考え方だ。

身体全体を統一的に使うとなれば、背骨の存在を抜きにしては考えられない。当たり前のことだが、身体構造は、背骨を通して上は頭蓋、そして腕、骨盤を通して足へと繋がっている。その中心になるのが背骨だという考え方である。

そして、「体重を使う」と言った時、自分の身体の所在が明確でなければ、身体の部位としての重さは使えるかもしれないが、全体重ということになると無理である。また、無意識的な身体の緩みがあれば、これも全体重を使えない。当然のことだが、身体が一つの固体になっていなければ、その使える重さがまず存在しないのだ。

しかし、ここで問題になるのは、身体を固体化するといっても、身体が緊張していれば自由性は失われる。特に足に力みがあると、身体は浮き上がった状態になり、バランスが非常に悪くなる。壁を力一杯押したら、後ろに倒れるという例の通りだ。

もちろん、緊張した身体は武道云々ではなく、スポーツでも日常でも使い物にはならない。そこで必要なのが背骨だ。背骨に緩みが生じなければ、上半身はある意味で固体化される。この場合の、背骨は自在に動く軸というような役割を持つ。

そういった体重に関わること、身体全体を使う上での重要なポイントが、背骨なのだ。しかし、バレエでいう「軸」と

“胸骨操作”によって起こる現象

胸骨はそもそも、動かせと言われても容易には動かせない部位。それを動かそうとすることによって、他の部位が連動的に動かざるを得なくなり、結果として背骨を中心とした繋がりが生まれるのだ。これを、直接的に背骨をコントロールしようとすると、背中に緊張を生じさせてしまうことになる。

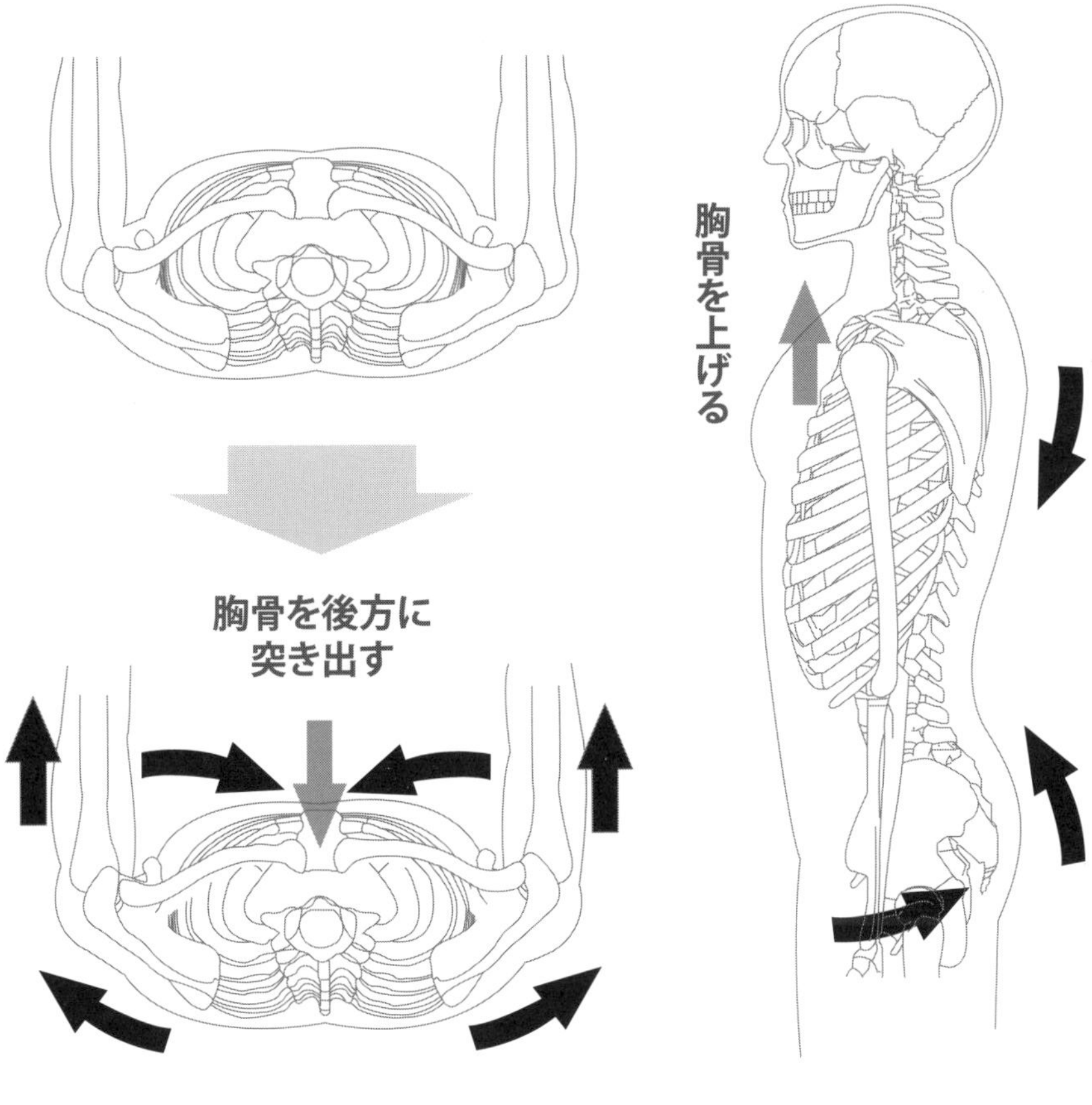

正しい姿勢は〝胸骨操作〟で簡単にできる！

「簡単に揺るがないようしっかり立て」と言われれば、多くの人は足の指先に力を込め、腰を落として全身を強張らせる。しかし、実際には自分で思っているほど〝しっかりと〟は立てていない（写真右列）。指先の力を抜き、胸骨を上げる、と、ここでの留意点はたった2つだけ。これだけで格段に揺るがない姿勢となる（写真左列）。

いうものではない。いわば、身体の芯のようなものだと考える方が近い。

その背骨を直接コントロールしようとすれば、背中が緊張してしまう。ということで、背骨に直接作用する〝胸骨〟なのである。

もう一つに「胸骨と腕や足との有機的な繋がり」と挙げたのは、腕や足を使った時、それぞれが胴体と連結していれば、腕や足から力を出すことができる、つまり身体全体の一部としての腕であり、足である、という考え方だ。

胸骨の運動と共に、肘を動かす。単純には、胸骨を前に出した時、条件を付けなければ自然動作として、肩は後ろに動く。それに連なって、肘を動かしていくのだ。逆に胸骨を後ろに下げると、肩は前に出る。同じように、それに連なって肘を動かす、ということで腕と胸骨の連関を練り上げるのだ。

「体重を力として使う」ということを、いろいろと考えてみたのだが、結局、当初は単純に押しているだけだった。だから、それは最初から否定した。私の小さな身体が、大きな身体を押せるはずもないからである。一番大きなヒントを得たのは、合気道養神館故塩田剛三宗家の演武からだ。

塩田宗家は身長150センチ、体重45キロほどだ。そして、何よりも重要視したのは、私が拝見した時、すでにご高齢であったということ。つまり、そのご高齢でその体格、いくら腕力が強かったとしても、ご自身よりも相当体格の良い人を操ることなど不可能である。演武を拝見していると、逆技的痛みを受けの人に加えている様子はない。にも拘らず、例えば、相手の腕を握って操る、逆に宗家が胸倉をつかまれている状態なのに、宗家が片腕を相手の腕に乗せただけで相手を床にねじ伏せている。

腕力や痛みでなければ何なのか？　ここに、「体重」そのものが力になっている、ということを確信したのだ。もちろん、それは「どのように」するのかは分からなかったが。

その後、宗家の姿勢を徹底的に研究した。養神館合気道としては、私が拝見した演武の数々は「技」の一つずつかもしれないが、私にとっては体重そのものを力にする原理に見えたのである。

身体を統一的に使う、ということでは「姿勢」も大いに関わってくる。姿勢を正す、つまり、背骨を最上の状態に保つということで、それはどんな状況にも即対応できる姿勢ということになる。その姿勢を作るには、「胸骨を引き上げる」というたったそれだけのことで可能だったのだ。

“胸骨”の基本操作❶前後

腹部を緩め、肩の位置を動かさないようにして、胸骨中央を前方へ突き出す（写真1→3）。そこから胸骨を後方へ突き出していき、写真1の状態に戻る。後方へ突き出す時は、胸骨真裏の位置にあたる背中側のポイントを人に押さえてもらって、そこを意識するとやりやすい。肩を動かしているだけになりやすいので、慣れないうちは人に肩を軽く持ってもらいながら行い、感覚を掴んでいくとよい。

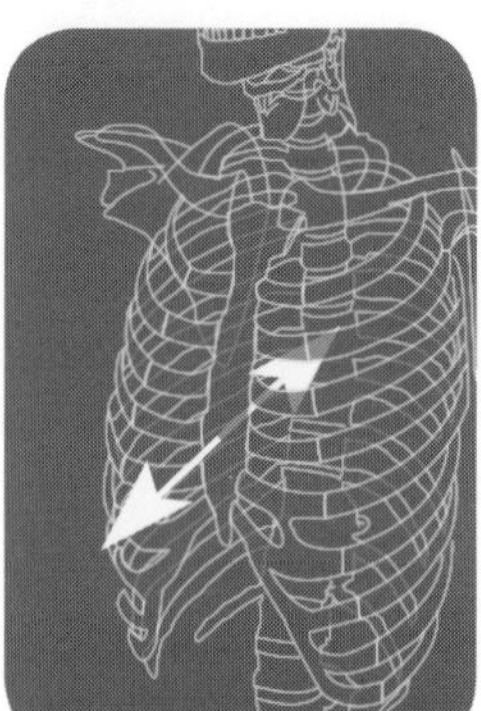

悪姿勢の正座では、腰のあたりを力一杯押されると簡単にひっくり返されてしまうが……

胸骨を前へ突き出す操作によって、上半身の重みがしっかり股関節に載った、揺るがない姿勢となる。

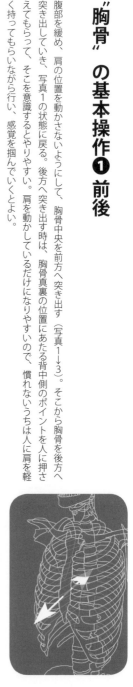

突きを“胸骨の後方操作”とともに行うと、肩甲骨が前に出て、全身が一繋がりとなり。自重すべてが拳に載せられる体勢となる。

全身が繋がっていない状態では、いくら足の踏ん張りを強くしても、相手からの反力には揺るがされてしまう（写真右列）。全身が繋がっていれば、その拳は自重すべてが支えている（同左列）。

〝胸骨〟の基本操作❷上下

腰部を緩め、肩を上げないようにしながら胸骨を引き上げる（写真1→2）。この時、両脇腹と腹部が上下に引っ張られるのを知覚する。同時に骨盤が少し後方へ出て行くが、出て行かなければ腰部が緊張している証拠。次に両肘を垂直に下に下ろすようにしながら胸骨を引き下げる（写真2→3）。両腕を下ろしきると、肩甲骨と肩関節がロック状態になるので、そこからさらに肘を下ろす（写真3→4）。ロック状態からは、腹部が緩んでいないと引き下ろせない。武術に頻出する「腕の上げ下ろし」動作も〝胸骨操作〟によって手だけでない、〝繋がった全身〟からの力となる。

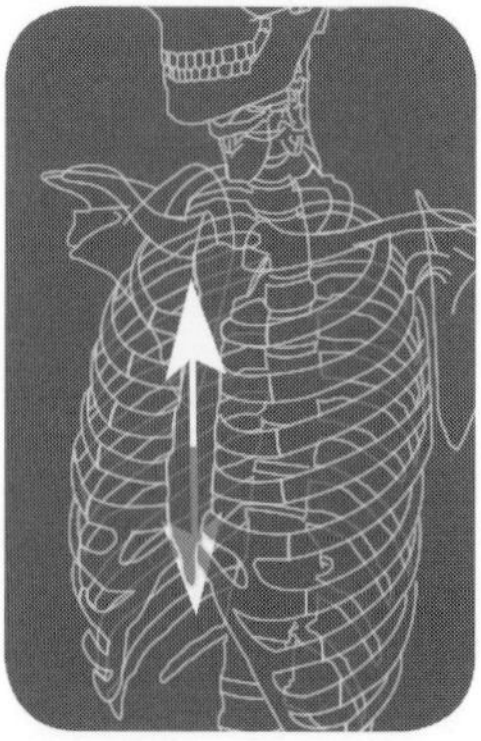

手をクロスさせ下から支える相手に対し、上から腕で力み、さらに倒れこむようにして体重をかけているつもりでもそれほど大きな力にはならないが（写真右列）、〝胸骨の引き下げ〟によって相手を屈ませてしまうほどの力が生まれる（同左列）。

片腕を両手でがっちりとホールドされた状態。相手を動かそうとしても腕だけの力では崩すことはできないが（写真右列）、〝胸骨の引き下げ〟によれば〝全身〟からの力が、自らは崩れず相手を崩す結果を生む（同左列）。

“胸骨”の基本操作❸捻転

カヌーのスラローム競技攻略のヒントとなった動き（52ページ参照）。両肘の動きは常に同時で、胸骨を中心に横8の字をイメージして捻転させる。腹、脇腹、背中が順にストレッチされていき、その中での“繋がり”を知覚しながら行なう。肘を意識することもポイントで、伸ばした手先をもってこれを行なうとストレッチが不十分になりやすい。

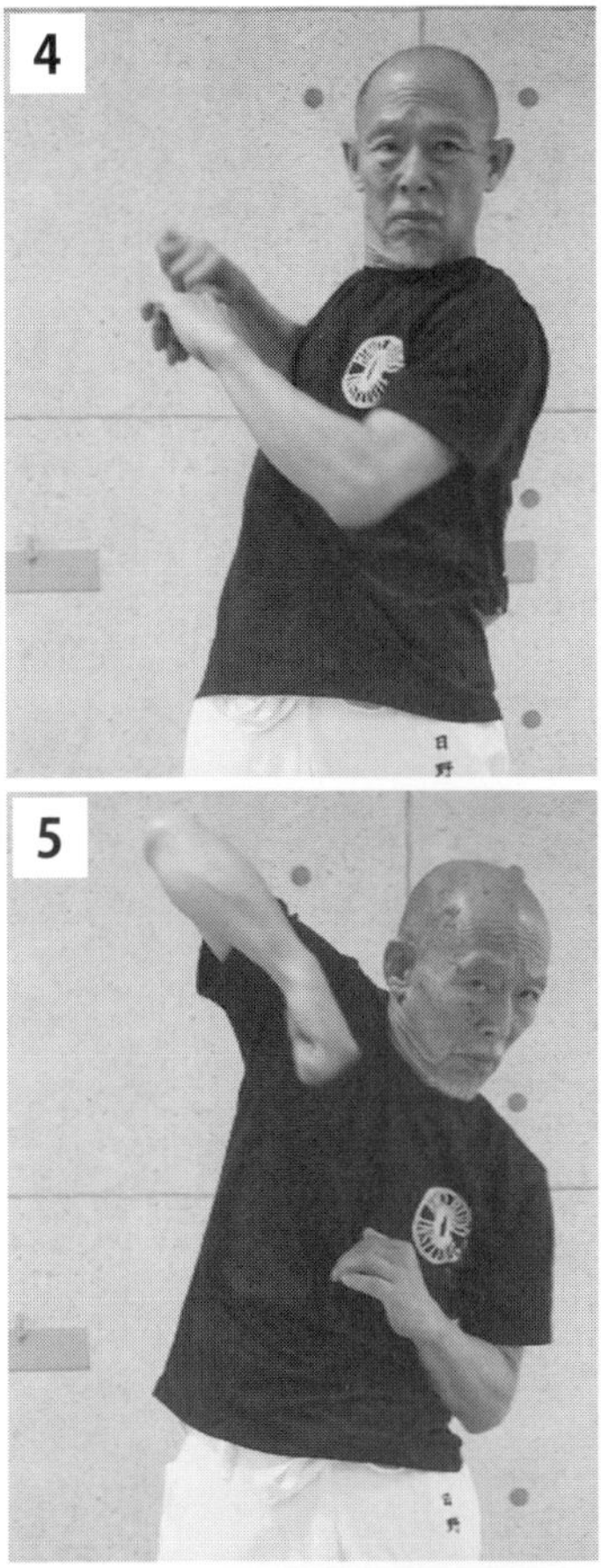

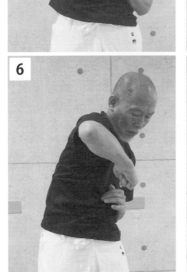

棒を介した力の伝達。腕力をもっていくら力んだ所で相手は崩せないが、〝胸骨〟を中心とした捻転運動はすなわち〝全身力〟。「道具」にまで力を伝えられるかどうかという問題の重要性はスポーツも武術も同じ。

2―6 〝胸骨操作〟の発見 ～アスリートも筋力は使っていない！

現在の胸骨操作を発見したのは、まったくの偶然である。当時の京都の生徒から、京都でワークショップを開いて欲しいと頼まれた。その時に受講していた一人の大学生の質問がキッカケだ。

その大学生は、武道に興味はあると言うが、それは自分の取り組むスポーツのためだった。そのスポーツは、カヌーのスラローム競技で、急流の中にある様々なポイントを通過し、タイムを競うものだ。その大学生は、競技で全日本クラスなのだが、コーチの指導どおりにしていると、タイムが落ちるばかりだという。

話を詳しく聞くと、急流という条件の中で、カヌーの方向を変えたり、止めたりをコントロールするために、パドルを水中で操作する。その時に、急流やスピードに打ち勝つ力が必要で、それが弱いからコントロールできない。であれば、筋力強化しか方法はない、ということで、単純な筋力強化がトレーニングの主軸になっているとのことだった。

話だけを聞くと、スラローム競技を全く知らない私にとっては、コーチの指導はもっともだと思った。しかし、大学生は経験から、この方法は間違っていると判断した。それから、「腕力ではない」を掲げる武道や武術、大学の運動研究室、いろいろある身体操作のワークショップに参加したが、当人の思うような結果が出なかったそうだ。それで、私のワークショップも半信半疑で、期待することなく友人の薦めだから参加したという。

しかし、私は全くスラローム競技なるものを知らない。そこで大学生に、世界一の選手のビデオでもあれば見せて欲しい、と頼んだ。後日、スラローム世界一の選手のビデオが送られて来たので、何度も繰り返して見ると、世界一の選手はコーチの言うような筋力操作ではないことが分かった。私なりに、それを解決する糸口を発見した。しかし、門外漢ゆえ絶対とは言えないので、大学生を道場に呼び、一週間の合宿をすることにしたのである。

ビデオを解析した内容を彼に伝えると、「実は先生は、スラロームをやったことがあるんじゃないですか」と本気で疑われた。私の、パドリングと水との関係性の解析が、スラローム競技者でなければ、そして競技を知らなければ分からないことだったという。そのように私の解析から信頼し、大学生が合宿することに大賛成したのだ。

結果、6ヵ月後に驚くほどタイムが上がり、非公式だが日本記録にも並ぶタイムが出たのである。このスラローム競技の分析が、現在の胸骨操作とストレッチの重要性への発見へと繋がったのだ。つまり、コーチの指導する筋力増強でタイムを上げるではなく、身体操作だけでタイムを上げたということだ。

当時の私の胸骨操作は、胸骨の前後運動と「突き」との関係だけしか頭になかった。ところが、この運動は刀や棒などに適した運動だと気付いたのだ。

パドリングを解析した結果、パドリングは胸骨の中心を基点とした8の字運動が適していると発見、そこに胸骨から肩口、そして肩甲骨から腰へのストレッチを加えたものを指導したのだ。

その胸骨の8の字運動と、胸骨からのストレッチが現在の胸骨操作の基本になるものへと、成熟させたのである。

また、このパドリングという道具の扱いが、刀や棒そして杖の先端、つまり、相手に接する部位から力を出すことの発見に繋がった。それは、カヌーのパドリングでは、パドルを急流に抵抗するように差込むことで、方向を変えたり停止させたりする。したがって、パドルの先端から力が出なければ、急流に押されてしまうのだ。パドルの先端から力が出るというのは、スラローム競技においては絶対に必要な要素なのである。

同じように、刀の切っ先から力を出す、というのは、当初ドラミングで考えていた。ドラムは、スティックの先端から力が出なければ、ドラム自身が響かない。ドラマーの時は、それを念頭に置いて訓練を重ねた。結果、同じストロークでも私の音は抜けが良く、遠く離れても聞こえる音になっていた。

それを刀に置き換えて訓練していたが、それだけでは刀身や棒そのものの操りから力を出すには届かなかったのだ。

いくら素早く刀や棒を扱えても、そのものから力が出なければ跳ね返されてしまう。その疑問を常に持っていたのだが、それはこのスラローム競技の大学生の質問によって解消されたのである。

糸東流空手をやっていた頃、先生が私のコンサートを聴きに来てくれたことがある。終演後先生が「日野君、肘が上手に動いていたね。空手も同じように使ったら良いんだよ」とおっしゃった。もちろん、常々先生は「肘」の重要性を説いてくれていた。しかし、具体的には分からなかった。それが「ドラムと同じ」という言葉で、直観的に気付けたのだ。先生のその言葉が、空手の腕の動きを究明するヒントだった。もちろん、当時はただただスピードや単純な威力を求めてなのだが。

肘が前方に伸びることで、肩甲骨が前に動く。少し腕が長くなった感じになる。両手同時にそれをすると、胸骨が真後ろに下がったようになる。そういったところから、その中心にある胸骨に着目し始めたのだ。

また、空手の準備運動的なものに、腕回しというのがあった。それは肩の力を抜き、腕に力が入らないようにするものだ。これを繰り返している時、ふと、その原動力を胸骨にしたらどうだろう、と考えてみた。肘が前方に伸びることで、肩甲骨が前に行く。それは結果論的に胸骨を真後ろに下げた形になる。そんなところから、胸骨を使っての腕回しということになったのである。しかし、現在のような胸骨操作ではない。もう少し粗雑で、原動力とはいっても明確なものではなかった。

しかし、こういった肘の探求があったから、胸骨操作と繋がったのだ。

身体操作全体の核を握るのが、胸骨操作だと仮説を立てたのは、空手を辞めてからである。伊藤一刀斎や宮本武蔵の逸話や『五輪書』を実体としてどういうことなのか、という探求を本格的に始めてからだ。しかし、探求といっても取り付く島もない。そこで手っ取り早いのが、前述の「戦国時代の戦」を考えることだと思ったのだ。

2―7　緩んだままでは、繋がってない！

胸骨を引き上げると、骨盤と胸骨の間が広がる。それは腹部がストレッチされた状態であり、骨盤（下半身）が日頃の悪い姿勢で圧縮されていた筋肉（緩みの元）が解放され、上半身下半身共に自由になる。そのことで、足裏に自分の体重がしっかり落ちていくのを実感できるはずだ。もちろん、その時、足全体や足裏に力みがあってはいけない。そうすると、体重は足裏にしっかり乗った状態でありながら、身体には全く緊張がない。

であるから、腕や足から（繋がっているという条件の下）力が発揮されるのである。

結果、背骨の重要性、胸骨の重要性、さらにはストレッチの重要性に気付いていったのだ。そのことが、腕や足、そして身体そのものからの力を発揮させるのである。胸部とその裏の背中、さらに二の腕の下部から肘。胸骨の引き上げで骨盤部とのストレッチ。脇の下から体側のストレッチ、そこに繋がる股関節とのストレッチ。という身体部位と胸骨部との連結に用いる様々なストレッチが、複合的に使用できることで、身体そのもの、体重が力になる、という発見になった。

さて、再び甲冑と胸骨操作だが、甲冑そのままで動くと考えるのではなく、甲冑という殻の中で動かせる部位は、と考えた時、胸骨しか浮かんで来なかったのだ。そこで逆算的に、胸骨操作からの展開を当てはめていったのである。

剣や刀の引き上げ、打ち斬り、投げ、突き等を考えた時、その核になるのが、胸骨操作だ。そこには、先ほどのストレッチ効果も含まれる。また、頭に2キロ3キロの兜ということを考えると、姿勢が悪ければ、身体のいろいろな部位に負担がかかる。それは骨で保たす必要がある。といったところからの胸骨操作なのである。

頭に重いものを乗せるというのは、兜に限らず、物を運ぶ時にも、日常的に使っている人達は今もいる。その場合、2キロ3キロというレベルではなく、10倍の20キロにも及ぶ荷物を頭に乗せて運ぶ女性もいる。そういった人達の姿勢は、決して力みの入ったものではなく、極々自然に軽々と行なわれている。もちろん、地表から垂直の美しい姿勢だ。当然、頭の重みは直接足裏に伝わっているものと思われる。だから、「軽い」のだ。

舞妓さんしかり、生活での必要に迫られている人というも

ストレッチで全身の繋がりを強化する

力まずに、背を伸ばす方向に全身をストレッチ。筋肉は緩んで圧縮されている状態では繋がっていないが、伸ばしてやる事によって繋がり、強い状態になる。「強さは力みによって生まれるもの」という先入観があるとこの強さはなかなかイメージできないが、左掲写真1〜2のように手足のみを持って持ち上げても、女性でもその形が維持されるほどに強い状態にある。

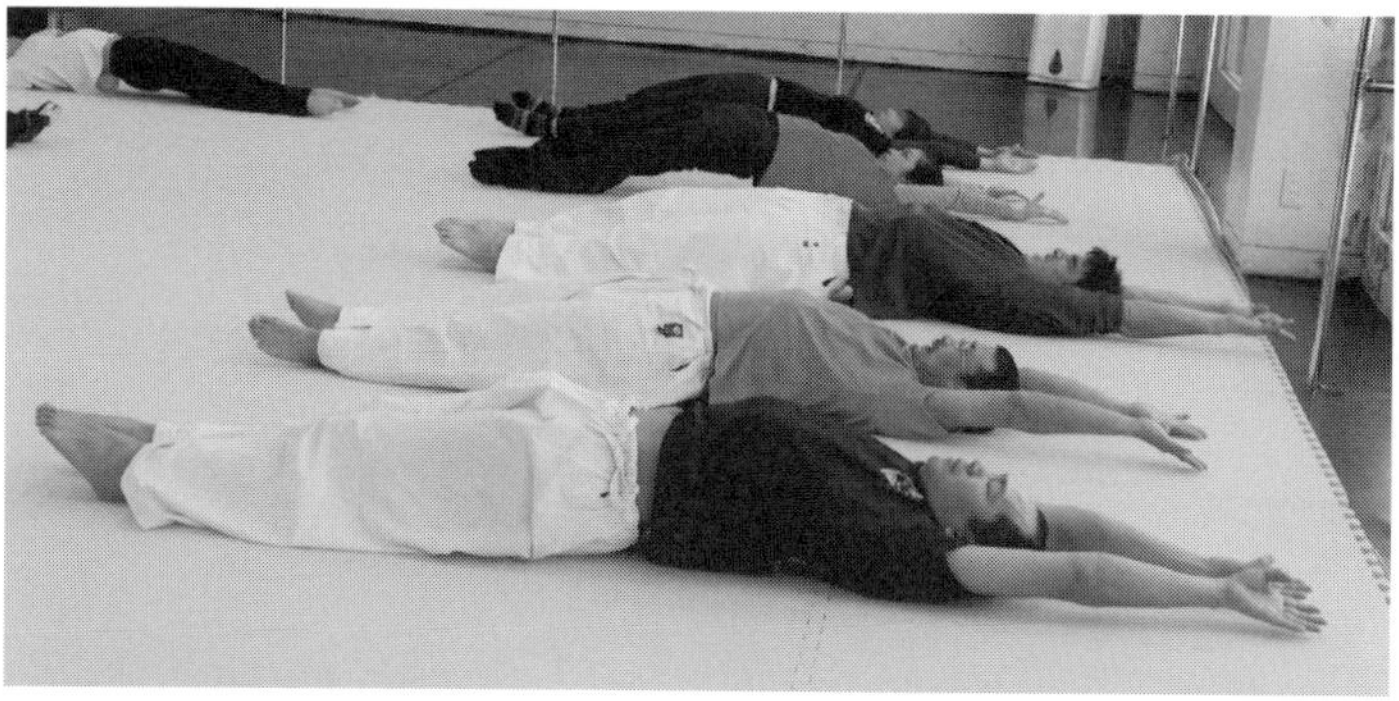

1

2

〝繋がり〟の為せる奇跡

姿勢で一番大事なのは「鉛直に立っていること」ではなく「全身が繋がっていること」。繋がった強い状態に身体があれば、写真のような悪姿勢でもつぶされずに持ち堪える（写真1）どころか、軽々と返す事ができる（写真2→3）。

足をがっちりつかまれて引き崩されようという絶望的なシチュエーション。しかしその片足で相手をあっさりと転がしてしまった。腕や脚が胴体と有機的に繋がれば、持ち堪えるのも、転がすのも、脚だけの力ではなく〝全身〟力。

のは、大仰な技術や稽古によらずとも、日常のほんの些細なことの中で最大限の能力を発揮する術を、実に自然に体得していっているものなのだ。

甲冑の中で動かせる程度のことで、人間の身体は激変する。

今の自分の能力を遮ってしまっているものは何なのだろう……そんな気がしてこないだろうか。

3 手ではない！　肘を動かせ!!

3―1　力を抜くという最大の難関がある

当たり前のことだが、「腕」というのは武術だから大事だ、という特別なものではない。日常生活全般、あるいは、スポーツ全般、つまり、動きや運動にとって必要不可欠な存在なのだ。その腕から自由性を生むために必要なのが、「肘」のコントロールである。そして、全身の連動、全身の繋がりとして、腕にもそれらを影響させるのだが、その時には腕の灯台の役目をする重要なポイントだ。もちろん、こちらが本質だ。

また、自由性というのは、変な力みのない、あるいは、肩に力の入っていない等の意味である。そのことで、腕から力を出せたり、美しく見えたり、になるのだ。

もちろん、「肘」は〝ヒジ〟という漠然とした部位を指すのではなく、胸骨同様にまずは一点のことだ。そこに感覚としての焦点を当てられるかどうかが稽古になる。したがって、胸骨同様にまずはそこに刺激が必要なのだ。

どうして「肘の感覚」が必要なのかというと、例えば、目の前にある大きなダンボールを持ち、こちらへ移動をしたいとする。あるいは、相手の襟首をつかみ、体落としでも大外刈でも、相手を投げ倒したいとする。そうすると、必ず腕全体、身体全体の筋肉が緊張する。それは重たいダンボールだから、相手という体重を転がすのだから緊張して、あるいは、腕に力が入って当たり前だと思うだろう。しかしそうではない。

もちろん、その状態でダンボールを持っても疲れるし、相手を投げようとしても投げられないという状態になる。しかし、それでも元から腕力があれば別だし、相手が自分よりも体格が小さいとか、身体の力が自分よりも弱ければ投げることができる。逆に言えば、持てないほどの重さ、投げられないほどの体格差であればどうだろう。腕力だけでは対処できないのは、誰にでも想像できるはずだ。

この体格差というのは、力としては相当の差になる。だから、スポーツ競技では公平にするために、体重別階級制になっているのだ。

では、この「腕全体の筋肉が緊張する」という現象はなぜ起こるのか、そして身体全体も緊張するのか、という問題だ。

それは、目的とすることから、その目的を実現するためへの「身体技術」が必要だということを知らないからだ。もちろん、技としての形や動きの話ではない。あくまでも純粋に身体の技術のことである。つまり、その目的を実現するために「身体をどう使えば良いのか」が抜け落ちているのだ。

抜け落ちているとどうなるか？

それは「ダンボールを移動しよう」という目的の言葉を唱えているだけ、思っているだけになる。また、「相手を投げよう」と頭の中で言葉がグルグル回っているだけ、ということになる。

目的の言葉は、あくまでも言葉だ。その言葉が頭の中をグルグル回る。それでは身体に対して「どうすれば良いのか」という指示を出していないということだ。

当然身体としてはどうしたらよいのか分からない状態になっており、だから腕や身体が緊張するのである。

それこそ人工知能を搭載したロボットではないが、自分が的確な指示を出さない限り、的確な運動は起こらない、つまり、実現できないということだ。


この腕全体の筋肉が緊張するという状態は、結果として言えば「腕を思うように使えない」ということでもある。この場合は物を持ったり、投げたりという物理的な現象に対してとした。しかし、一番厄介なのはこの前段階の心理的状態だ。

それは、やろうとしていることに対する不安や詮索だ。相手を投げるということで言えば、「切返されたらどうしよう・踏ん張ったらこちらに投げようか・相手の力は強いだろうか等々」というようなことだ。この不安や詮索は、人であるかぎり千年の昔からあったことだ。もちろん、戦や武芸者達にもあった。

したがって、これをどうすれば克服できるかが、武芸者にとっての最重要課題だった。武芸者の場合は「緊張する」という状態が、当たり前のことだが自分自身の生命を直接左右することなので、絶対に克服しなければならなかったのだ。そこで、武芸者達はその活路を禅や滝行、その他様々な行へと向かわせたのである。ただし、緊張するということ、不安や詮索が問題だと気付いた武芸者達だけだが。その中の少数の人達がいわゆる達人として名を残すことになるのである。

つまり、これらは一見何気ない「人」の持つ反応なのだが、実は一番厄介な、そして重要な問題点なのである。

話を戻すと、腕を使う時は、「肘を使え」が鉄則だということだ。この場合であれば、まず身体を忘れて「肘」を動かすのだ。物を持ち上げる時は上に、相手の襟首を引っ掛けている時は下へ、という具合だ。肘が動かない時、例えば、荷物が重すぎる、相手が重すぎる場合は、物や相手に接する部位を動かさずに、そして肘の位置も動かさずに、身体を操作することで、つまり、身体の位置を工夫することで、肘が上になったり下になったりするようにすればよいのだ。そうする場合には、肩の力や身体の緊張がなくなっていなければできない。

もちろん、厳密には難しいが、試してみるくらいは簡単だ。「肘を使えば良いだけ」のことだからだ。そして「肘の一点に焦点を当てる」という感覚を身につけることが、先ほどの厄介な心理の働きを超えるためのものなのである。

3―2 上半身の自由度を高める「肘の運動」

それでは、もう一歩踏み込んだ上半身のトレーニングを紹介しよう。

大方の武術や格闘技の場合、「腕」は直接相手と接したり、腕そのものが武器になったり相手の攻撃を防いだりする重要な部位である。その腕をより自由に、しかも相手に対して力を発揮できることが、武術での「腕の役目」だと紹介した。

もちろん、腕を使うということを大きく広げると、日常からいろいろなスポーツまで「腕」を使い、なおかつ重要な役目を担っている。

武術としての腕の役目を効率よく全うする、そのためには、腕の筋肉を太くすることではなく、背筋を鍛えることでもない。こういったトレーニングは肉体を部分品的に扱うトレーニングなので、いくら筋肉が太くなっても「連動」という全身を使うことや、身体全体を力として使うことにつながらない。したがって武術そのものの「力」と正比例してこないのだ。

話は逸れるが、現在私が指導している一人に競輪S級の選手がいる。競輪選手は皆が知るように、太腿が驚くほど太い。女性のウエストくらいの太さを持つ人もザラにいる。時速60㎞以上のスピードを必要とするからだ。太腿の太い原因は、太股でペダルを押す、そのことによって自転車は動き、スピードを増す、そういう理屈の現れである。

しかし、それは本当だろうか？　実はこの選手の太腿は逆に驚くほど細い。陸上の長距離選手並だ。

なぜか。「自転車は脚力や筋力ではないだろう」という考え方を持っているからだ。彼は、子供の頃からＢＭＸの選手

競輪選手の西岡拓朗君と。その太腿は意外なほど細い。

として競技に出ていた。高校を卒業する頃にはプロとしてアメリカ各地を転戦し、日本チャンピオンになり、オリンピックも狙っていた。しかし、オリンピックには出られず、その後競輪に転向したのだ。

彼が私の教室にやってきたのは、ネットに上がっている動画を見たからだと言う。もしかしたら自分の考えを実現できるヒントがあるかもしれない、と彼は考えた。それが彼と私との出会いである。メールを貰った時、競輪選手だから筋骨隆々としているのだろうと想像していたら、会ってみて驚いた。「細いね」これが私の第一声だ。

競輪の選手が教室に来たのは、彼が初めてではない。過去数人が来ている。しかし、どの選手も筋骨隆々だった。そういった選手は、私の身体に対する考え方は理解できない。どこまでいっても、筋力だけで行けると思い込んでいるからだ。その意味では、日野理論は役に立たなかったのだ。

彼の名は西岡拓朗君だ。とりあえず全身の連動から指導した。膝と背骨、そして胸骨との関係だ。彼の取り組む姿を見て「彼は違う」と直感した。どう違うのかというと、完全に連動を理解し、自転車に取り組んでいる姿が見えたからだ。大方は、単に指導されたことだけをやるが、彼はそれをすでに自分のこととして取り組んでいるのだ。

西岡君の走りにはブレがない。このブレのなさは、〝太腿でペダルを押していない〟という所にある。

身体に工夫を重ねながら「いいスね、これ」と呟く。そこから西岡君との付き合いが始まったのだ。

膝を動かすのは胸骨だ。何もわからない人には「ええっ？」だろうが、西岡君にとっては「そうか」なのだ。膝といっても膝の一点だ。それを感じ取れるから、胸骨と繋がるのだ。

和歌山でのレースが終わってから、自転車を持って道場に来たことがある。その時は、彼の走る姿を見ながら、微妙に身体操作を変更していった。何しろ時速60㎞以上のスピードを生み出さなければならないのだから。

道場は、メインの国道から急な坂を登ったところにある。そこを自転車で登るのは、しかも変速ギアーなしのレース用の自転車では無理だ。

「胸骨操作がなければ、ここは登れませんでしたよ」

競輪場での彼の自転車を操る姿は美しい。運動がブレないのだ。水面を走るような滑らかさを持つ。周りの選手からは「気持ち悪いと言われます」と笑う。運動がブレないというのは、意識がブレない、気持ちがブレない、つまり、気配が変わらないということだ。スーッと来て、知らない間に先頭に立ち優勝をさらっていくのだ。

自転車は太腿でペダルを押すのではなく、連動、全身運動なのである。

話を戻すと、この「肘の運動」は、これまでの胸骨の前後や開閉、そして背中の柔軟、腹部からのねじれ等の複合形式でできている。だから、これまでの運動の完成度や実感度と比例したでき上がりになる。

しかしだからといって、これまでの運動を完成させてから、とするのは間違いである。稽古は初心者の時から、それらを複合的に練習することで、一つ一つの単純な運動では獲得できない、また意識化することのできない緻密な働きを誘導していく働きを促せることにもなるからである。

稽古としては、単純な運動と要素の複雑な運動、また、ゆっくり実感しながらする練習と、スピードを重視した練習、等、どれも単独ですることではなく、全てを組み合わせ「瞬時に意識を切り替える」、というところがどんな練習にも大事なことなのだ。なぜそうなのかは、別の機会に説明する。

「肘」は腕を使ったり、刀や棒を始めとした武器を使う時に、非常に重要な働きをする部分でもある。そういったところから、「腕の自由度は肘の使い方と正比例する」といっても過言ではない。だから、肘の使い方の下手な人は、当然腕の使い方も下手であり、手の使い方も下手ということになる。だから、やたらと肩が緊張していたり、胸や背中が緊張するという身体の現象を引き出す。

それは、肘を自由に使えないから上半身上部の、特に肩や腕そのものの筋肉で、無理矢理腕を動かそうとするからだ。元々肉体の仕組みとして無理な動きを肉体に強いているのだから、余計に筋肉が緊張し、肉体の自由度は妨げられる。そういったことにならないためにも、「肘をコントロールする」ということを身に付けよう。

3―3　肘のコントロールとしての「肘打ち　レッスン1」

肘のコントロールを身に付けるために、ここで行なうのは「肘打ち」だ。

「肘打ち」の初めは、肘を水平に前に突き出すことから始める。しかし、単純な肘打ちという捉え方ではなく、肘を使った肩甲骨の運動と捉えた方が、運動イメージを持てるかもしれない。それを念頭に置いて、まずは両肩から垂直に腕を落とし、肘を中心に手を肩口まで上げる。この時、腕が縮んだ状態になっている所から始めていく。

ここでの難しい点は、両肩の線が頭頂からの体軸を中心として円運動を起こしてしまい、その先にある肘も円運動になってしまうことだ。

目指すのは、自分の両肩から相手正中線に向かう直線運動（右図）。
しかし、手を相手に向けて出そうとする動きは頭頂からの体軸を中心とした円運動になってしまいがち（下図）。

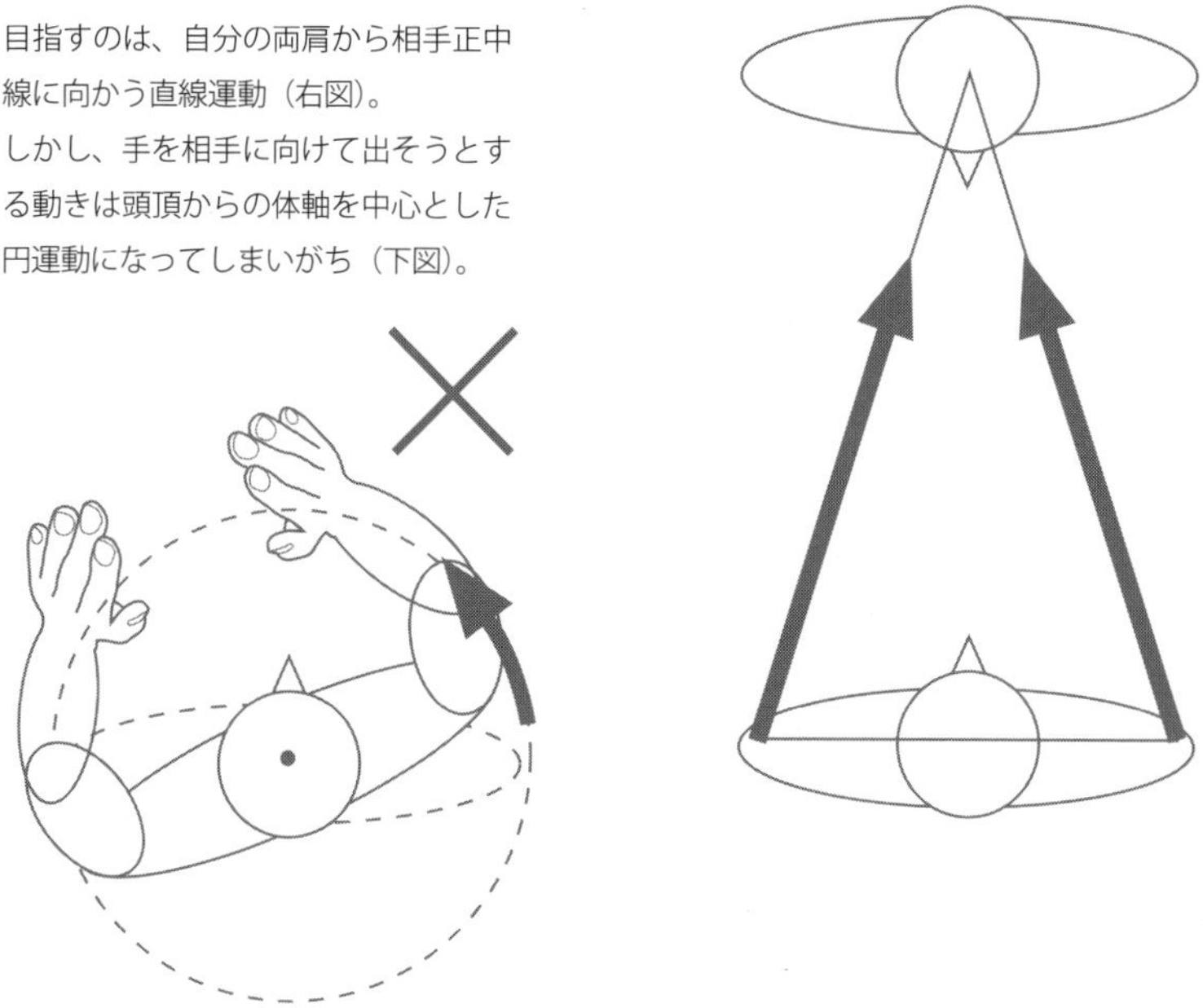

つまり、固定された中心軸を設定すると、その中心軸を起点としている両肩を結ぶ一本の線は、必然的に円運動を起こす。それにつられて肘も円運動になるのはいけないのだ。（胴体腹部のねじれを感覚する、という点では重要な運動である）

難しいのは、その円運動を起こす両肩から相手の正中線に対して、直線運動で肘を使うことだ。つまり、円運動を直線運動に変換することが難しいのだ。相手の正中線への直線というのは、相手の正中線を頂点とし、自分の両肩も点と捉える。攻防の要の三角形のことだ。その一辺に沿って肘を出していくということだ。

ねじれをはじめとする円運動は、肉体の全体運動の原動力の一つでもある。しかし、その円運動を直接円運動として使った場合、致命的な欠陥が表れる。それは、相手との距離が直線距離より長くなるので、相手に到達する時間が遅くなる。もちろん、それを承知で使う場合においては有効なことだが、それしかできない肉体では合理的な肉体運動を獲得しているとはいえないということである。

そういった意味もあり、また、その原動力の一つとしての円運動を、相手に対して有効な運動、つまり、相手の体表から軸に向けての線を捉える直線運動を実現するためにも変換する必要があるのだ。

肘の運動をする時、一時的には脇があく。

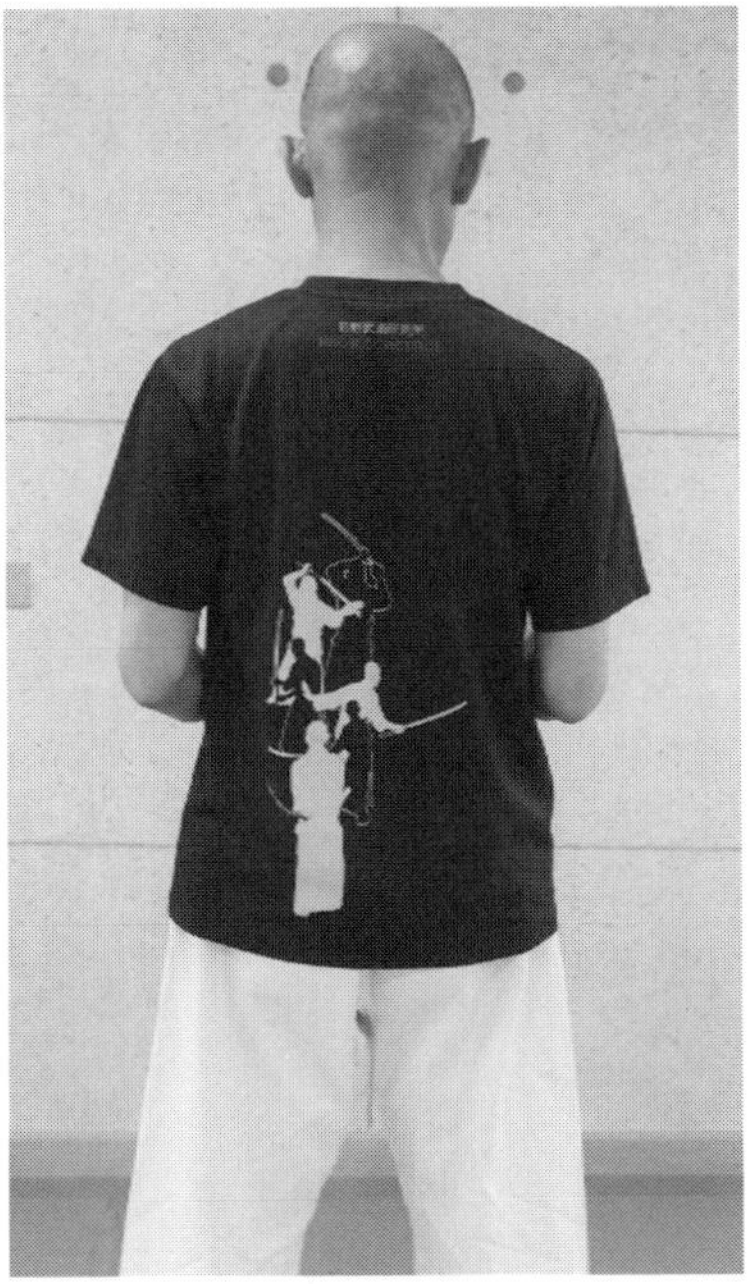

肘を上半身からの「連動」として使う場合、肩から肘がぶら下がるようにする。（脇に擦っている）

まず、体の側面から出す肘の運動だ。

大方の場合、肘を動かそうとすると、脇が空いてしまい二の腕が垂直状態では動かないことも挙げられる。

そこで、第一段階は二の腕の、肩からの円運動の矯正は練習のポイントから外し、まず「二の腕が肩から垂直に落ち、両肩を結ぶ線から円運動を作らない」、というポイントで行なう。

これは、いかに「肩を緊張させない」かと、作るべき「運動線を明確にする」ことが目的になる。だから、そのためには、「空手や格闘技でいう肘打ちではない」、という意識を徹底的に自分にたたき込まなければいけない。「肘の運動をしている」のであって、「肘打ちをしているのではない」と自分に教え込むということだ。

ここで先ほどの「単純な肘打ちという捉え方ではなく、肘を使った肩甲骨の運動という捉え方」が必要になるのだ。

身体の姿勢としては、両足を肩幅くらいにし両膝を少し緩め、腕が肩からぶら下がった状態を作る。その姿勢から、肘を動かさずに肘から先の手先まで上げる。それは、二の腕と直角の状態になるようにし、しかも余計な力みが起こらないように肉体を観察する必要がある。

観察がすんだら、歩いたりジョギングをする要領で腕を動かす。ただし、両肩が腰からのねじれで動いていなければならない。それも、単独で確認することを薦める。それができていないと、「肘を動かした結果肩が動いた」という、全く逆の運動になるし、それでは合理的な肉体運動を作りだすことにはならない。

そして、肘が動いている時は、体側を擦ることを意図的に行なう。したがって、体側側の腕を実感することが垂直を維持する方法であり、肩に緊張を持たせないための方法だということが分かるだろう。その実感を維持しつつ肩先からの運動線を、つまり、二の腕から直角に曲がった手先が、相手の正中線を捉えるように訓練するということだ。

でなければ、日野理論がいうところの「運動線が力になる」を実現することができないばかりか、肘を動かしたり肩を回転させるための、本来（肉体としての末端を動かすのは、肉体のより中心に近いところを動きの起点とする）とは違った、従来の部分的筋力が必要になるのだ。つまり、合理的な運動が形成されないということである。

そういった余計な労力や運動動作が、予備動作として相手に映ったり、気配として勘付かれてしまうことに繋がるのだ。もちろん、ここでいう「肘のコントロール」も上半身の自由度を高めるためのものだから、一連の説明どおり腹部を緩め下半身に上半身の影響が出ないようにする、という大前提は押さえておかなければいけない。

3―4「肘打ち　レッスン2」

肘が常に脇腹を擦るようになり、相手の正中線に対しての運動ができるようになれば、大体腕は肩から真下にぶら下った状態になる。この次の段階が簡単なようでなかなか難しい。次は、肘の運動を肩を中心とした円運動ではなく、「肘先」を相手に対して直線で動かす、というトレーニングになる。ここからが本格的な、上半身の使い方になる。

姿勢は、先ほどと同じ両足を肩幅くらいに開き、膝を少し緩めておく。そして、上半身を右半身に近い状態までねじる。つまり、右肩が前に出ている状態だ。ただし、体軸はずらしてはいけない。大方の場合、右肩が前に出た時、軸が同じように前に動いてしまう、そうすると、ねじれを作っておくことができないばかりか、体重が移動してしまっているので運動が力にならない（日野理論で言う『運動線と体重の移動が力である』、ということの片側の重要な要素「体重」がすでに動いているので、力が半減するという「クセ」が付いてしまう）、また、円滑な円運動が起こらない、余計な筋肉を働

肘の運動線を相手の正中線に向ける

肘を直角にし、その先を相手の正中線に向け、肩と二の腕や肘との関係を「実感」する。肘は〝円運動〟でなく、〝直線運動〟をする。

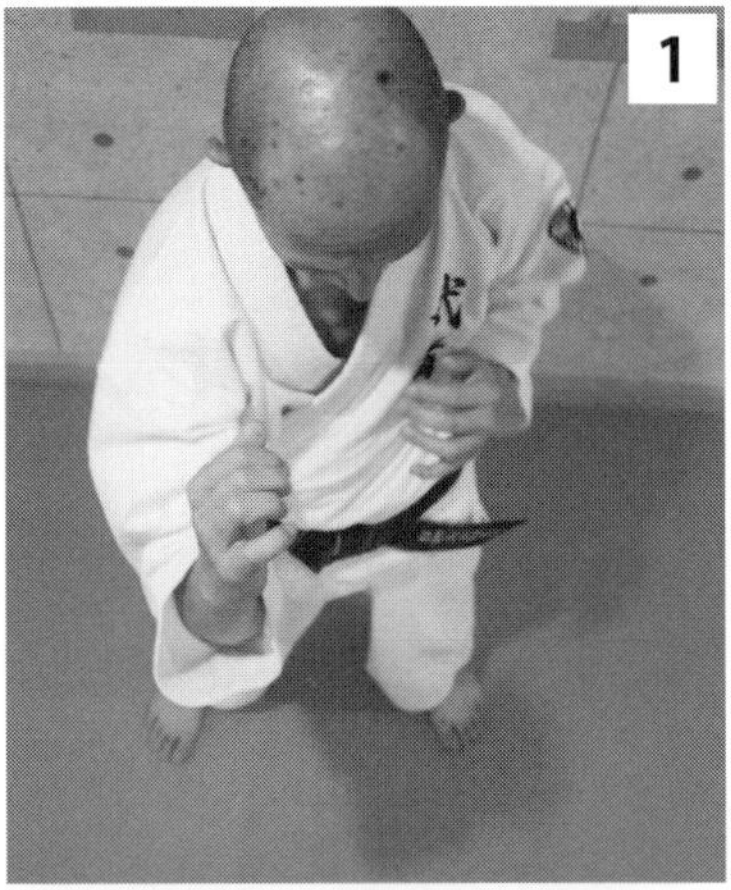

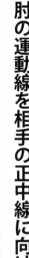

肩の回転・半身になる

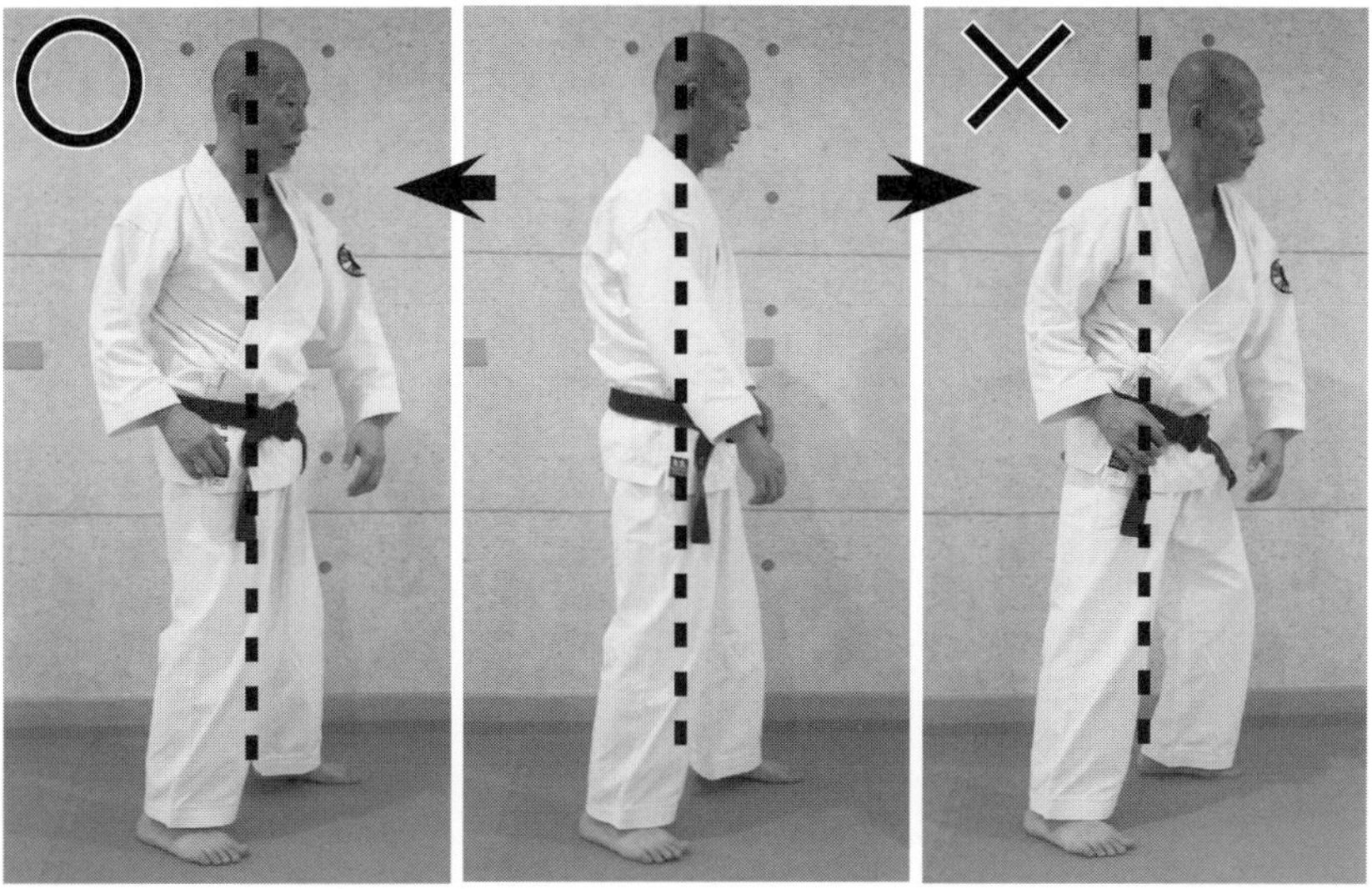

右写真のように、一般的に肩を出せば前に体重が動く。これだと軸がすれているため、正確な肩の回転を作り出せない。左写真のように、体軸をずらさずに半身になること。

かせてしまう、といった欠点が現れるのだ。

こういった姿勢を維持したり、こちらが指示する運動が正確にできるためには、鏡やビデオを通して自分の肉体観察をする他に「体内感覚としての実感が必要」だということが分かるだろう。あくまでも、体軸があり、それを中心として左肩が前に出ている状態を作らなければいけないのだ。

さて、右肩が前に出た右半身に近い姿勢を取ったら、先ほどと同じように肩から腕がぶら下がり、肘を直角に曲げた状態になる。ここから、左肘を相手の正中線に対して直線で出していくのだ。ここで言う直線は、先ほどの上から見たところでの相手の正中線に対する直線を維持しつつ、横から見た所の直線、つまり、肩を中心とした円運動（肘を上げない）を起こさせない直線作りだ。

ここで前項の胸の開閉や背中の柔軟度が、肩を移動するという運動を円滑に起こしてくれることになるのだ。つまり、肩を中心とした円運動を起こさせないためには、肩がそのまま移動すればよい、ということになるので、この上半身の柔軟が必要不可欠な要素なのだ。

そして、肩を中心としないということは、肩から先の腕を独立的な肉体部分的な運動にしていない、ということだ。だから、下半身からの運動線を肩で途切れさせない、ということ

肘を肩中心の円運動から解放し、直線運動を作る

棒を軽く持ち、肘を棒にくっつける。棒先は相手の正中線にセットし肘が棒から離れないように注意しながら動かす。結果、肩を中心とした円運動ではなく、中心としての軸（肩）がずれていくことで直線が確保できる。

とになり、運動線や体重、またそれらを作り出すためのねじれの戻りなどを的確に腕に伝えてくれる、ということになるのだ。

この「肘打ちレッスン　2」の第一段階は、肘から直角にした手先部分を水平の台のようなものか、棒などしっかりとしたものを使って稽古することが、直線を実感する近道だ。そういった道具を使わなければ、身体は肘が前方に直線的に動くということを知らないので、必ず肩を中心とした円運動を起こしてしまう。そうなると、肩の柔軟性を増したり、上半身そのものの自由度が限定されたものになってしまうことをくれぐれも忘れないで欲しい。

ここでは、棒を使うことで話を進める。先ほどの姿勢を取り、肘を直角に曲げ、その曲がった前腕の線と一致するように棒をセットする。そして、その前腕に沿った棒を軽く握り、前後運動させればよいのだ。もちろんその棒先、もしくは長い棒であれば自分が設定した場所が相手の正中線でなければいけない。

相手の正中線は、どんな場合でも固定したものだが相手との距離は武器や戦う方法によって異なる。したがって、相手の正中線を狙うべき直線はその距離によって若干角度が変化する。しかし、ここでの練習は「相手との関係」に取り組んでいるものではなく、自分自身の上半身の柔軟度を増すものなので、相手の正中線とは、「一足の距離」と設定しておくことが望ましい。

3-5 「肘」のコントロールが精緻な連動を構築する

ここまでは、胸の開閉、背中の柔軟、ねじれなどの個別の運動を複合させるトレーニングとして、「肘打ち」を説明した。これは、上半身の柔軟性や精密度を増すための、第二段階のステップとしてである。そして、「肘打ち」の第一段階としては、体側《たいそく》（身体の側面）から出す肘打ちに焦点を絞って説明したが、ここでは、上から振りかぶるタイプの肘打ち（頚動脈を狙う）を使い、「上半身のねじれと張り」を体感するトレーニングに入りたい。

ここで培われる肉体の運動性は、上半身の運動と下半身の運動を連動させるための連結の意味もある。そして、直接的には打撃や投げに繋がるものでもある。つまり、ねじれや肉体の緊張を腕に伝えたり（全身の連動として）、肉体の形そのものが力を持つ（構造的強度を増す）、ということを身に付けることに繋がるのだ。

もちろん、練習として約束の中で行なう打撃や投げは、いつものように運動が正確にできているのかいないのかの検証の方法の一つであって、実際的には、ここでトレーニングするような肉体の運動が見えるようでは役に立たないことはいうまでもない。

3―6 「肘」がなぜ重要なのか?

第一段階の「肘打ち」のポイントは、円運動を直線運動に変える、肘が相手に対して直線運動をする、というものだった。もちろん「肘打ち」そのものを作り出すための原動力は、「ねじれの戻り」であって、肘打ちの腕そのものではないというところがポイントだ。

「肘」が前に直線的に出る、という運動は非常に難しい。すでに説明したように、「肘」をコントロールできるということは、「腕」そのものを自在にコントロールできる、ということに繋がり、それは、上半身の柔軟性そのものといっても過言ではない。

ここで説明している「肘打ち」は、「肘が前に出る」という意識と実感を培うものである。その意識や実感が伴うことによって、素手での突きや、道具に力を伝えることができるようになる非常に重要な運動としてのポイントである。もちろん、ここでは武術ということで話を進めてはいるが、スポーツやダンスを含むあらゆる身体パフォーマンスにとって「肘」の意識と実感、そこから養われる「肘のコントロール」は必要不可欠のものなのだ。

つまり、繰り返し説明しているように、腕を自在に操れるというところに繋がるものだからだ。

この「肘」が前に出るためには、何度も言うように「肩の柔軟」が一番必要だ。だから中国拳法や太極拳等でいう「含《がん》胸抜背《きょうばっぱい》」という姿勢に完結する胸と背中、さらに腰の運動が必要なのだ。この姿勢のポイントは、「脇をいかに伸ばせるか」、ということにかかっている。脇が伸びるためには、それに連なる二の腕がポイントになり、だから、背中の柔軟性が必要になる。

この運動が円滑にできるようになるために、「肘打ち」が必要なのだ。つまり、「肘」をコントロールするためには、先ほどの「含胸抜背」がポイントになり、「含胸抜背」を完成させるためには「肘打ち」が必要、という相互の関係がここにある。そして、そのどちらをも作り出すために、胸の柔軟と背中の柔軟というトレーニングが必要なのだ。

さて、この体側からの肘打ちで、「肘」が直線的に出ているか否かの検証は、すでに説明した、棒を持ってのトレーニングが一番分かりやすいのだが、ここでは、その検証の第二段階として「突き」で試してみよう。

ここでは、最初の段階だからスピードということは問題にしない。

無意識的な手の緊張をいかに排除するか？というところにポイントの一つがあり、もう一つに、ここでは「直線的に突く」という運動そのものの完成と、威力・精密度を上げる、というポイントがある。

もちろん、古武術や柔術にある「当て身」や、空手、ボクシングなどに見られる「パンチ」にも必要不可欠の要素だ。逆に言えば、この稽古は、すぐに役に立つ方法だと解釈していただいてもOKだということである。

一般的に「突く」という意識は、腕を緊張させたり、コブシの握りを緊張させてしまう。そのことによって、コブシが運動線のブレを起こし、突きの精度や威力を半減させてしまうのだ。それは、武器を使うときにはより顕著に現れる。剣先がブレたり剣先のコントロールが定まらないといった現れだ。

もちろん、そういった重要なこと以外に、一般的に見られる突きは、「押す」もしくは「押し込む」という運動形態で行なっているという致命的な欠陥があるのだが、このことはここでは問題が違うので説明しない。

あくまでも、「肘」という自分自身の肉体の一部を意識化する、という点と肘の運動の精度を増し上半身を柔軟に使う、ということに絞っている。

3—7　甲冑の上から「当て身」が効く

古武術でいう当て身の歴史や形態を詳しくは知らないが、一つだけ言えることは、戦場において甲冑の上から相手を殴らなければならない局面があった時、躊躇することなく殴ったであろうし、その殴るそのものに威力があっただろう、という推測である。

その「殴る」ということが「当て身」であり、「突き」の原形だと私は解釈し、その威力のある「殴り」を実現することが、日本の武術史に残る技術の一つを伝承することだと捉えたのだ。

それを実現する一歩が、ここでいう「突き」であり「肘打ち」なのだ。

つまり、押し倒すような「押し突き」なのではなく、甲冑を浸透させてしまう「浸透突き（DVD『影伝2〜3』で発勁として紹介している）」だ。そのような突きではない限り、甲冑の上から殴っても効果はない。拳を痛めるだけだ。

「浸透」ということの発想は、逆に「突きとは」を考えた結果現れて来たことだ。突きという動作と、突きが当たった時の状態（白帯の頃、よく飛ばされた体験）を検証していった結果だ。そこから、突きとは、力強くスピーディに押す、という動作を突きというのではないか、という仮説を立てて見たのだ。

3—8 肘の直線運動としての突き

ここでは、「上半身のねじれと肘」を連動させ、「肘」を意識化する、というところにポイントを置きたい。

まず最初は、座った状態での練習が望ましい。これは言うまでもなく、下半身と上半身を独立的に使うための、そして、その独立感を実感として認識するための手段である。

両肩の線が水平かどうか、軸が垂直であるかどうかを鏡などで確認、そして、先に行なった、右肩から相手の正中線に向かう真直ぐのラインに添って突きを出す。

ここで設定しているラインは、すでにトレーニングとして行なってきた「円運動を直線運動に変換すること」が含まれているので、できる限り厳密にして欲しい。そして、上半身のねじれを効率良く体感したり、肘とねじれの連関性を作り出す基本的なものでもある。

ここで作った右手のラインが、突きを出していくラインだから明確に記憶しておく必要がある。そして、改めて左半身状態になるために左肩を出す。当然、それと相対している右肩は、左肩が前に出ている分量だけ後ろにある。

右拳は、肩から垂直に降りた「肘」から少し直角より狭い角度に置く。つまり、ほとんど心臓の前にある感じだ。その状態から、ねじれを戻しながら、つまり、右半身側が出て行きながら右腕が目標点に伸びるという連関性をポイントに置く。

さて、ここからが重要なポイントだ。突きが出ていくのだが、それは拳が出ていくのではなく、あくまでも「肘が出ていく」ことを意識するということだ。もしくは、「肘を出す」だ。だから、最初の段階では、あえて腕を伸ばさずに「肘を突き出す」ということを心掛ける方が連関をマスターする近道だと言える。

そして、出ていった肘が戻る場合、今度は逆に左半身側が戻るのと連関させることを意識する。つまり、上半身のねじれが肘の運動をコントロールさせている、ということを意識座った状態で両肩を水平にし、右肩から相手の正中線へ向かう真直ぐのラインに添って右の突きを伸ばしていく（写真1～2）。この時、拳よりも「肘が出て行く」ことを意識して。右突きによって生じた上半身のねじれを戻すとともに左半身側が前に出て行く動きに左肘を連関させ、左の突きを伸ばして行く（写真2～4）。

相手の正中線に向けて〝真直ぐ〟に肘を出して行く練習。帯など、紐状のものを動く状態でひっかけてその両端を両手で持ち、反対側を引き込む動きに導かせて突きを出して行く。

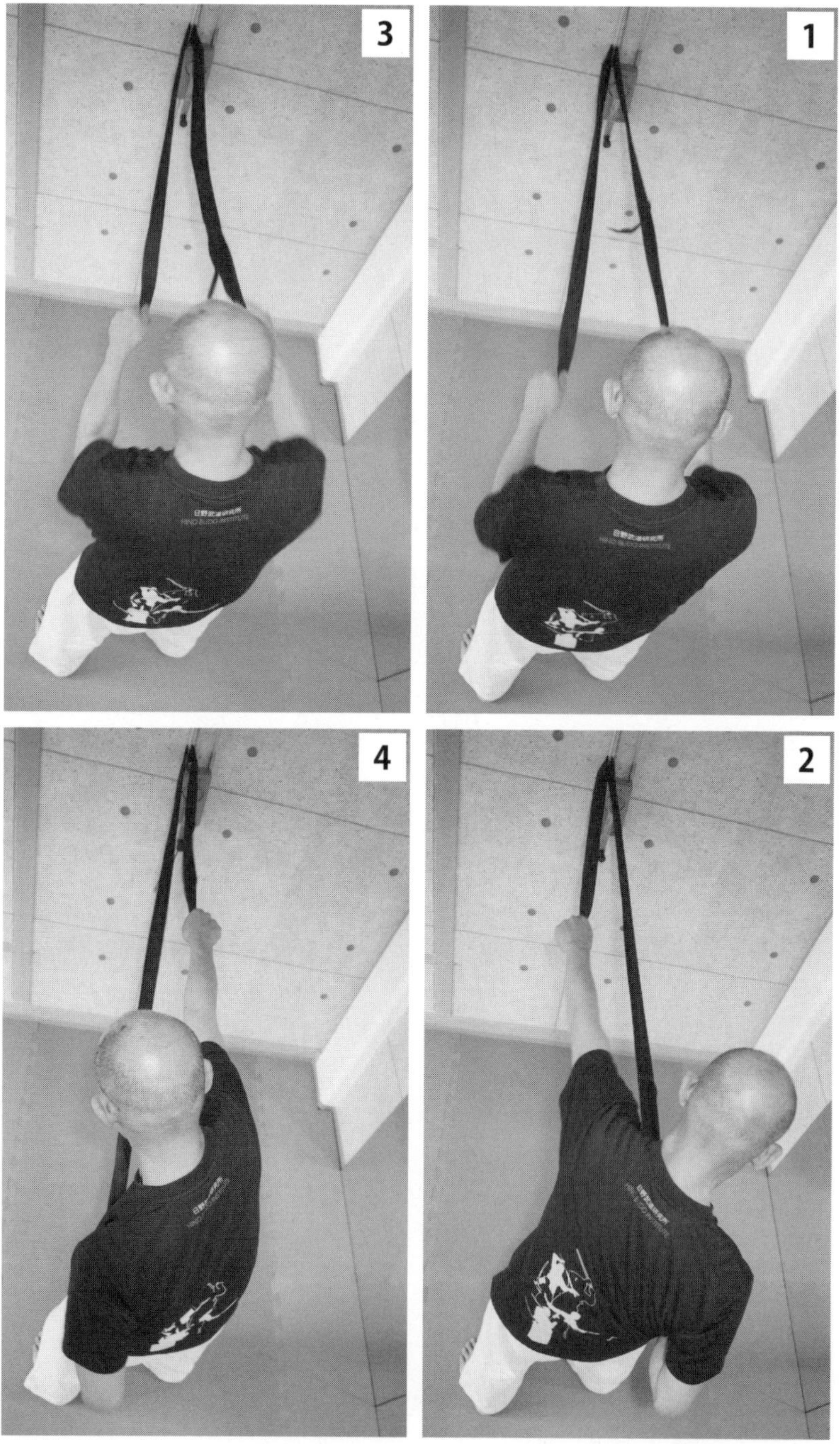

化し無意識的運動になるまで高めるのだ。それが、ある程度できるようになれば、次の段階としては、左側の肘を意識し、両肘が連関していることを意識化させるのだ。

ここで、すぐに役に立つと先ほど述べたのは、「突く」という運動をする場合、上半身のねじれや難しい身体原理ができないとしても、「肘を出す」ということを意識し、また心掛けることで突きの威力が格段に高まるということだ。これは、突きだけのものではなく、柔道や柔術、剣道など、あらゆる身体パフォーマンスに有効だ。比較的効果が分かりやすいものが、突きというだけのものである（個別の肘の使い方は、「肘打ち」の説明を終えた時点で紹介する）。

3―9　振りかぶっての「肘打ち」

ここで説明する頚動脈への斜め上からの肘打ちは、それこそ上半身をかなり大きく柔らかく使わなければできない。つまり、上半身の柔軟性の仕上げにはもってこいなのだ。また、運動が上から振りかぶるものなので、軸が前に倒れやすい。そうすると、実際に武術としての姿勢からいえば、軸が前に倒れてしまうということになり、それこそ相手にもたれかかるということだ。そうすると、こちらの力が相手に伝わることはない。という姿勢にとって非常に重要なポイントも検証することができるのである。

まずは、運動の概要を単純化して説明しよう。姿勢は、体側から出す肘打ちと同様に座った姿勢から始める。拳を軽く半開きくらいにして腕の緊張を取り、肘が肩からぶら下がった状態にする。そして正面を向き、背筋が伸びた状態を作る。それが始めのポジションだ。

この状態を1として、次に2は、左半身になるように左肩を正面の方向に出す。

もちろんこの姿勢はねじれを作り出しているものなので、決して腰が上半身につられないように腹筋を緩めなければいけない。腕は最初の位置からほとんど動かさない。つまり、肩が緩んだ状態を保っているということであり、また、肩と腕とを独立的に使うということの訓練にもなるので、ここでは正確に訓練することを薦める。この、肉体を独立的に使うという技術は、武術の最低限必要な技術の一つでもある。

そして、姿勢は1同様背筋が伸びた状態を維持しておく。

次に3として、その姿勢のままで、腰を中心に後ろに倒れるようにする。もちろん、倒れすぎて体重が接地している面から極端に離れてはいけない。つまり、この場合だと、左側に乗り過ぎてはいけない、ということになる。最終的には、

振りかぶっての肘打ち

正面向きに座る。手を軽く半開きくらいにして腕の緊張を取り、肘が肩からぶらさがった状態にする。

腰を正面に向けたまま、上体を左半身以上にねじる。

ねじれた状態で後ろに倒れる。肘を首から肩に繋がる線と同じにし、拳を肩口に持ってくる。

倒れている〝頭頂から腰の中心にかけて〟を軸として、右肩を回転させる。

組みつかれた時、自分の肘の位置や感覚を集中し、肘の運動を的確にすると相手は崩れる。

この運動は立った姿勢で行なうので、その場合に体重の位置は腰や膝がコントロールすることになる。だから、この段階ではあまり極端になるのを避けるだけで、神経質になる必要はない。

後ろに倒れるときに肘を首から肩に繋がる線と同じにし、拳を肩口に持ってくる。そうすると、右肩口から胸、脇腹にかけて非常に強い引っ張りの緊張感とも引っ張り感ともつかない違和感が起こるだろう。その違和感があれば、まず、間違っていない。

そして次に4として、その倒れた状態を維持し、頭頂から腰の中心にかけての軸線を倒れたまま、注意しながら回転させる。

すると、自動的に肩が斜め上方から回転していることになり、振りかぶっての肘打ちができ上がっていることになる。

というのが、「振りかぶっての肘打ち」である。

ここで説明しているのは、「肘」を的確にコントロールするための練習と、上半身を柔軟に使えるようになるための練習だ。そして、「肘」をコントロールできるようになると、上半身はもとより、腕の使い方が良くなるということである。

つまり、上半身を柔軟に使えなければ「腕」を自在に使えない、そして、「腕を力化」できない。すると、素手で攻撃

初見宗家は上半身と肘とを一つの動きとして使われている。

したり受けたり流したりつかんだり、また、刀や槍といった道具を自在に操れないし「力」にならない、ということになる。

3―10 武神館初見宗家に見る巧みな「肘の操作」

上に紹介する写真は、武神館初見宗家にお相手して頂いた時のものだ。この写真から読者には何が読み取れるだろうか？

経過を少し説明すると、私が宗家の後ろから首を極め左手の自由を奪った状態から始まった。この写真では、初見宗家は半身になり私の骨盤の辺りを押さえるようにしていると見えるだろう。初見宗家のここでのいろいろな技術は今は述べないが、結果として、初見宗家は私の骨盤を押さえているのではなく、上半身のねじれとそれに伴う左肘で、私の上半身のバランスを崩しているのだ。つまり、上半身と肘の存在が非常に重要なポイントになる。その肘の存在となんら緊張感を感じさせない上半身や腕全体があるから、初見宗家の手が余裕をもって私の骨盤の辺りに触れることができるのだ。

そういったことは、私の表情を見ればよく分かるだろう。私にとって意外なところ、そして意外な体勢を作られたことに対しての驚きなのだ。つまり、肉体のバランスを崩された、という現象は事実写真に写っていることなのだが、そうではなくて、私の「判断のバランス」つまり、常識観などを覆されたことによる、アンバランスな状態である。

もしも、初見宗家の上半身や腕に緊張があり、手が骨盤を押しているとしたら、つまり、初見宗家が意図的に私の骨盤を押そうとしたならば、私は無意識的に反射を起こし、例えば宗家の首から手が離れるか、宗家の左手をつかんでいる手を離し、違うところをつかまえてしまっていることになるのだ（そういった、意図的な運動も常識的な運動形態だ。初見宗家はそういった気配が全くなく、私の骨盤に触れてきた）。

単純化してこの時の初見宗家の腕を表現するならば、「私の体勢の邪魔をしている」という感じであって、決して「潰そう」というものではないのだ。言葉で書いてしまえば、「なんだ、そうなのか」というようなものだが、実際にこれを実現するとなると、昨日や今日習ったところでできることではないし、極端に言えば、一生かかってもできることはない、と言えるほど高度なことなのである。

もちろん、これだけを習って、この局面で、この「形」だけをするのは簡単なことだ。しかし、それができたところで実際的には何の役に立つこともない（それだけしかできないのだから）。そこを勘違いしている武術マニアがたくさんいるので困ってしまう。

ここで大事なことは「形」なのではなく、形を作り出した「要素」であり、その要素をどんな時にも「応用できる」という「身体」だ。そして、それを作り出す「考え方」なのだ。読者は、ゆめゆめ「形」を追い求めることのないように、そして、「形」という餌につられないことを祈る。

これは初見宗家が「肘を使う」ということの一つの例だが、このように「肘」という武術にとって要となる場所を、いつでもどんな状態にあっても巧みに操ることができることが、自分のあらゆる動作を「力化」することに繋がるのだ。

初見宗家は常々「肘が大事ですよ」とおっしゃっているのだが。

3―11　棒を使っての「ふりかぶっての肘打ち」

このような「肘」の重要性があり、それを肉体で表現できるようになるためには、上半身の柔軟性が必要だ。そこから考えて、「肘」をコントロールできることが逆に上半身の柔軟性に繋がる、というところでの「肘打ち」の説明だと理解して欲しい。

振りかぶっての肘打ち（棒を使った左右連続）

左半身となり、脇腹や肩、背中等の緊張感を感じる。

左肘をそのままに、後ろに倒れながら右拳を右肩口にもってくる。

傾いた〝頭頂から腰の中心にかけて〟を軸に、右肩を回転させる。

動作の結果として、最初の姿勢（写真1）の反対に収まる。

写真1～4と同じ要領で反対側の動作を行なう。すると、最初の姿勢（写真1）に収まる。

さて、上から振りかぶっての「肘打ち」の概要は説明したので、次は、それらを連続して行なう、という段階に入る。連続して行なう、というところにこの練習の重要な意味がある。それは、運動が連続することで、上半身全体が柔らかく連なった動きを覚えるからだ。連続して行なうときは、本当に連続でなければいけない。つまり、自分ではどこかで止まったり、詰まったりしていることを実感しているにもかかわらず、続けてもそれは連続ではなく、一つのパターンを並列に並べているということだ。だから、何万回やろうが連続にはならない、したがって、上半身の柔軟性を獲得することはできないという図式になる。

そして、自分の実感に対して「頭が嘘をついている」ということなので、決して物事が上達しない、という方向に自分が自分で進めているということにもなり、二重の過ちを犯していることになる。そういったことに無神経に取り組んでいる方達が非常に多い。

はじめの練習は、上からの肘打ちを左右交互に行なうところから入る。この練習も、道具を使った方が体の傾きや運動線のブレが分かりやすいし、何よりも連続性を自分として明確にイメージできるようになるのである。

先と同様、座った状態で左半身をつくる。右肘は先ほどの場合より角度を大きくとり、左肘は緩め棒に添えたようにしておく。もちろん、脇腹や肩、背中等の緊張感（ねじれや引っ張り感等の）を実感することを忘れてはいけない。

次に、2として、左肘をその場所に止めておき、後ろに倒れながら右拳を先ほどの3（78ページ参照）のように、右肩口に持ってくる。

そして3は、〝頭頂から腰の中心にかけて〟を軸として回転させる。すると、最初の姿勢の反対に収まっていることになるはずだ。

この運動を繰り返していくうちに、「連続性」という意味が身体で理解できるようになる。もちろん、何回やれば分かる、というものではない。分かったときに初めて分かる、ということだ。

3―12 棒を使っての「力化」の検証 1

この運動が円滑にできるようになったら、運動が明確にできているのか？を検証してみよう。武術としての個人練習はあくまでも対人的に使用できなければ意味がない。そのためには、個人練習の成果として組み稽古をするのだが、その時に、自覚しなければならないことは、「一人でやればできるが、

棒を使っての検証1

×

相手に棒の端をしっかりとつかんでもらう。こちらは、右からの肘打ちで肩口に拳を持ってきた姿勢を取る。

相手の抵抗が強いので、腰や腕に力が入りバランスが崩れる。

こちら側は、相手の抵抗がますます強くなるので左手で相手を引こうとしてしまう。結果、完全に腰が引け、続ければこちら側が相手に引っ張られることになる。

○

相手に棒の端をしっかりとつかんでもらい、身体のねじれや緊張、回転の方向を確認する。

一気に上半身のねじれを戻す。相手はそのスピードと力に耐えきれずにバランスを崩す。

こちらはそれにとらわれずに回転させる。

二人でやれば全然できない」ということだ。それは、「何もできていない」ということだと自覚する必要がある。

それの原因は、一つは、運動が自分の身体にクセ化されていない、一つは、運動が間違っている、一つは、組み稽古になったとき「相手を制圧する（投げるとか突くといった）」という意識が出てしまい、運動が滑らかにいかない、といったような原因だ。特に、三つ目の「相手に対する意識」が一番厄介なものだが、そこを乗り越えなければ、それは武術でも何でもない「体操の一種」である。つまり、武術とは対人的技術の中で自分を発見し成長させる、という要素を含んだものであり、それを抜きにしては「達人の技」というところへは決してたどり着かない厄介なものなのである。だからこそ、現代人が学ぶ意味がある（人間関係を分かっていないから）のだ。

まずは、肘を出す側ではなく、反対側に力がどれくらい集中されているかだ。これは、身体の相互バランス（力を出すのは反対側の身体部分の使い方が重要な要素になる場合が多い）を知るためのものであり、武術としての身体運動を認識するためのものだ。

さて、棒を使っての検証だが、左足を前にし右からの肘打ちを出すように構える。そして、その棒の端をしっかりとつかんでもらう。そして、右肘打ちを出せばよいのだが、棒をがっちりとつかんでもらっているために、かなり大きな抵抗がある。それでも構わず、右肘を出し続ければこちらの腰が後ろに引けてくる。結局、肘を出すのではなく、持たれている部分を引くことになってしまうのだ。いわゆる、我慢比べ、力比べのレベルだ。だから、相手の強い力に反応してこちらも相手を引っ張ってしまう。先ほど説明した、自分のクセの部分である。これの原因は、対人的なことは抜きにして、純粋に肉体運動だけを取り出して見ても、文字通りの「肘打ち」になってしまっているからである。つまり、腕だけを使っての肘打ちで上半身を全く使えていないことが大きな原因だ。そういったことを自覚し、できない自分がそこにある、ということを認識するために「検証」が必要なのだ。

次に、上半身をきちんと使った場合でやれば、上半身のねじれの力がダイレクトに働くので、肘を動かした瞬間に相手はバランスを崩してしまうのだ。実は、この検証の写真を取るのにはかなり苦労をしたのだ。腕打ちの場合はそのままで撮っていけばよいのだが、上半身を使ったものは、一瞬で相手がバランスを崩してしまうので写真を撮れなかった。それくらい、上半身や身体全体を使った動きは「力を出す」のである。

棒を使っての検証2

棒の端を相手に高い位置でつかんでもらう。

×

腕だけで押し下げようとすれば、相手の抵抗が強く、
こちらの身体は浮き上がってしまう。

○

相手に棒の端をしっかりとつかんでもらう。
こちらは、身体の緊張やねじれを確認し、
それを全部動かすようにする。

上半身の全体運動が棒に伝わり、
相手は耐えきれずにバランスを崩す。

3―13 棒を使っての「力化」の検証2

今度は、肘打ちを出す側の力を試してみよう。相手に同じように棒の端を高い位置でつかんでもらう。まずは腕だけの肘打ちで押し下げるようにすると、相手はその力に反応して押し返すようにするし、それがなくてもこちらの力は相手に堪えられて、写真で分かるようにこちらの前足が浮いてしまう。これは、相手の手の上にこちらが乗ったようなものだから、腰が引け、腕だけに力が入った状態になってしまう。このように、大きな抵抗がある場合、腕だけでは力を出すことはできないのだ。

ここで、「相手の手の上にこちらが乗っかった」と説明したが、この状態が、一般的に言われる「体重を乗せる」という実際の姿であり、決して本当の意味での体重を乗せた、というのではない。この本当の「体重を乗せる」は、また第3章で練習方法や検証方法を説明する。

次に、同じ状態から上半身を使ってみれば、相手はその力に耐えられずバランスを崩してしまう。この違いが、上半身を使ったものと腕だけのものとの違いだ。

ここで悪い例として紹介した「腕打ち」は、どんな場合でも見られる例だ。それの根本的な原因は、「自分がどんな運動をしているのかを知らない」が一番大きな、そして一般的な原因だ。また、「自分が無意識的に相手を倒そうとしている」ということも、自覚していないことも根本原因の一つである。そういったことをどうすれば「自覚化できるか」が、達人への切符を手に入れられるか否かの分かれ道であることを知って欲しい。

先に棒を使って行なった上半身の回転動作は、そのまま左右肘打ちの連続動作となる。武術でもスポーツでも、とかく「手先をどう動かすか」というところにとらわれがちだが、その手先自体にのみ執着してしまうと〝末端動作〟になってしまう。肘をコントロールできれば腕自体の動きをコントロールできることになり、かつ上半身がしっかりと動き出して大きな力を生むことができる。

第2章

力の生み出し方1〜〝ラセン〟

1. 纏絲勁という連動システム
2. 〝身体定規〟を作れ!
3. 全身連結拠点〝腹〟の感覚

1 纏絲勁という連動システム

1―1 発勁は力の伝導

中国武術では、「発勁」が秘伝であり秘技である。八極拳をはじめ、多くの流派や門が「発勁」を攻撃の最大の要素と説明している。特に内家拳と呼ばれる、主に柔らかそうな動きを特徴とする門には必ず「発勁」が付きまとう。そして「気を練る」という鍛錬に、重きをおいている。当研究所を訪ねてこられる方達によく聞かれる質問に『中国武術には「発勁」があるが、日本伝統武術にはそういった秘技的なものはないのか？』というものがある。

日本伝統武術には「発勁」という言葉がないだけで、そういった「力の出し方」は存在する。それらは、柔術の「当て身」や「合気」と呼ばれるもの、養神館の故塩田宗家によれば「集中力」等として残っている。そして、その「発勁」は秘技でもなんでもなく、それができなければ武術ではない（繰り返し述べている、腕力・体力若さだけで通用するものは、武術ではないもの）、という代物で、当研究所から言えば「名人の境地をめざす」ことが目的なのだから、入り口の技術にすぎないのだ（簡単にできるということではない）。

さて、ここで一番混乱するところは「気」と「発勁」という二つの単語である。ここでは簡単にこの二つの言葉を説明しておこう。まず習っていく段階としては、「気」と「発勁」は別々の物である、という認識をもった方が分かりやすい。そして、この二つの単語を我々が使っている現代の単語に置き換えると「意識のエネルギー化（気）」と「力（勁）・力の伝達」に変わる。

この二つは、別々にも使えるし同時にも使えるものだ。だから当然のこととして、別々に練習をすることが可能だ。そして、この二つの共通項は「内感覚を媒介として、実現にいたる」ということだ。

実は、この「内感覚」がかなりの曲者でもある。当研究所にこられる方にも、自称内感覚の鋭い方が沢山おられる。し

かし、大方の場合「思い込みという内感覚」にすぎない。この場合は、自分個人では「感覚している」としているのだが、相手を交えて応用となった場合、その内感覚では通用しないのだ。この「思い込み」も、先ほどの「人間の構造」の一部であるから、「思い込みなのか、実際そうであるのか」の検証を、いかに精密に徹底させるかが、自分にとって普遍的な技術になるのか否かの別れ道である。

蛇足ながら、自称内感覚の鋭い方の多くは、自律神経系のバランスを崩している方、つまり、病人の方が多いのだ。逆説的に言えば、自律神経系のバランスを崩している方は、感受性が偏って強い、と言える。

さて、「発勁→肉体の連動→力の伝導」とすれば、「肉体の連動」とはいかなる物か？

1―2　纏絲勁が力の伝導を感覚する入り口

中国拳法には、非常に合理的な考え方が残っている、その一つが「纏絲勁《てんしけい》」である。単純化して言えば「全身のねじれ」を使うことだ。この「纏絲勁」が「肉体の連動」の鍵になると同時に、内感覚を練り上げるための入り口には最適なのだ。

「纏絲勁」の要素の中で重要なのは、全身を使って身体内

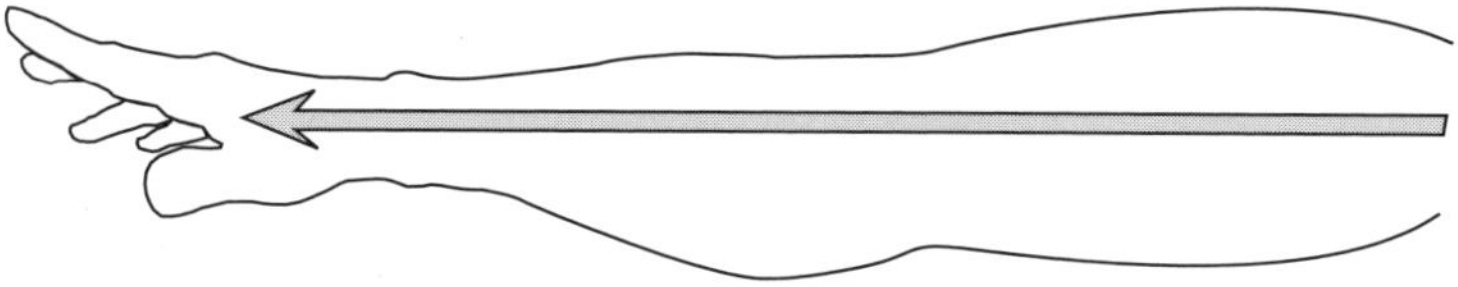

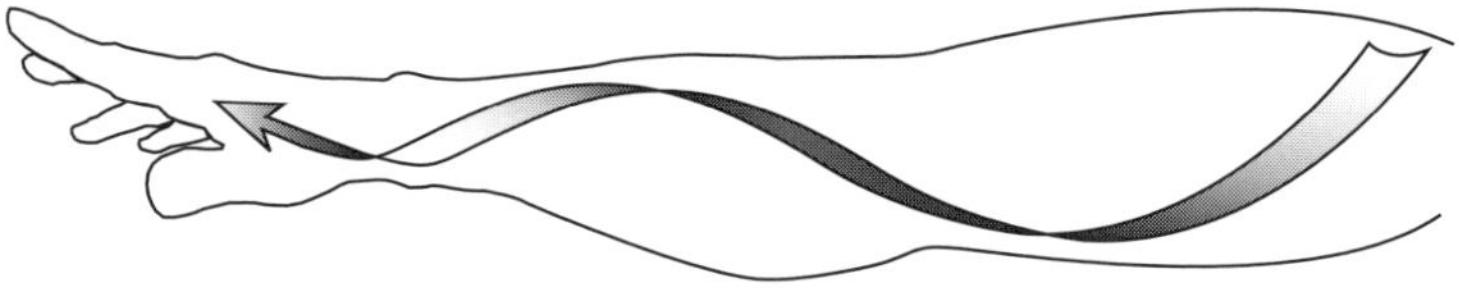

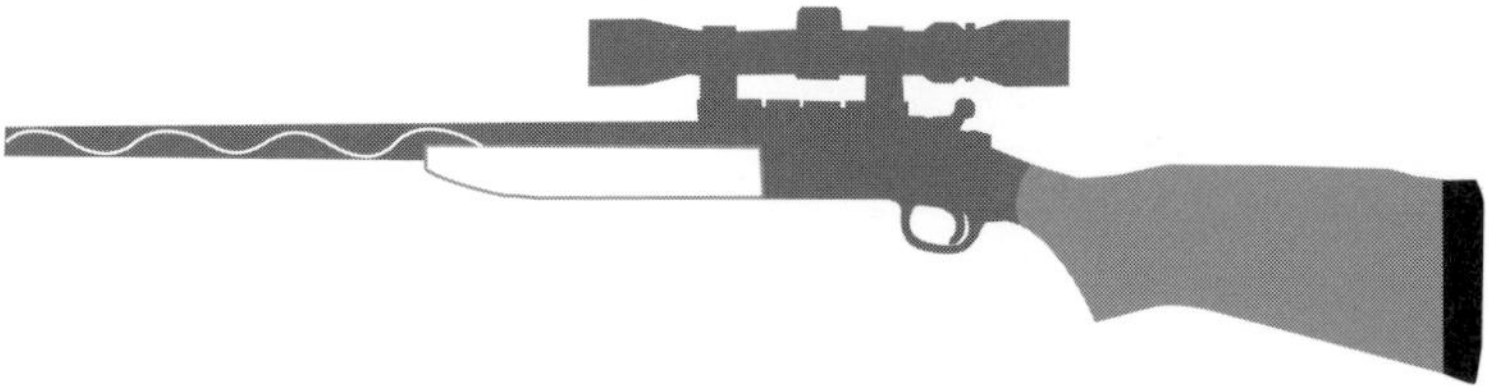

部で距離を作り出すことだ。一般的には、体外の空間距離を使うことで、例えば突き（腰から目標物までの距離）の威力を作り出したり、蹴り、斬撃力を生み出すと考える。

しかし、中国拳法では空間距離の他に体内でもその距離を作り出す、という考え方だ。この考え方は非常に合理的だ。中国独特の「気や陰陽」の考え方を省いて言えば、「実戦とはどんな変化があるか分からない、そして、実戦に含まれている要素は、相手と距離が離れているか、接近、もしくは、くっついているかの二つであるから、くっついている場合空間距離は出せない、そこで体内で距離を作ればよい」ということだからである。

私は、この体内距離を作り出すメカニズムを「肉体の運動」と呼んでいる。そして全身を運動させ、運動エネルギーを相手に伝達するところから「力の伝導」なのだ。

纏絲勁を分かりやすく言うと、ライフル銃の銃身を体内に作りだす、と考えればよい。銃身が肉体で、ライフル（螺旋状に刻んだ溝）が纏絲勁だ。つまり、銃身にライフルを刻むことで、銃身を実際の長さより長く使い、摩擦抵抗を増すことで銃弾の威力と精度を増す、ということである。

この、体内の空間距離に取り組むにあたって困難な点は、距離に含まれている「線」、つまり「運動線の滑らかさと、線と時間が途切れない」という点だ。それらは、肉体運動管理能力もあるが、ひとえに内感覚の緻密さと移動する焦点に対する集中力に掛かっている。

さて、「纏絲勁」がなぜ入り口にあたる練習になるのかは、「ねじれる」という具体的な肉体の動きがあり、ねじれることによって起こる筋肉の緊張や、緊張の方向を痛みや張りを通して、そしてその痛みや張りという刺激を順に辿ることによって「肉体の距離を実感できる」からである。この実感が、内感覚を作り上げるための鍵なのだ。

1―3 纏絲勁の具体的練習

練習の第一段階は、二人組ではじめる。Aは、足を肩幅にして立つ。そして右手を肩の高さより、やや低めに身体の横に差し出す。こういった稽古の時の姿勢は、技術を獲得する上での絶対に必要な条件なので、その条件を変えることは、技術を獲得できないことになることを、常に頭に置いておく必要がある。

Bは、その腕を取りそのままの状態で、Bから見てゆっくりと腕を時計回りにねじる。Aは足先を動かさないで、そのねじれが腕・上半身・腰・足に伝わっていくことを、身体の動きを通して知る。最終的に、Aは左足裏まで腕のねじれが伝わっていることを知る。ポイントとしては、ねじる側が、腕を若干Aの身体側に押し気味にねじること、そして、Aは左足側に体重を乗せていき、絶対に左足を動かさないことだ。

これで、ねじれた状態を作り出せたことになる。このねじれが起こっていくプロセスを、筋肉の緊張や張りを通して実感していくことが、具体的実践的な内感覚への道だ。

次に、BはAの腕を力一杯握っておく。次に何をするかと言えば、そのねじれを最終点、つまり左足からねじれを戻していくのだ。その戻し方こそが、纏絲勁そのものであり「力の伝導」に繋がるのである。

その戻し方は、身体がねじれてきた実感をたどるのだが、第一段階では不可能なので各関節への負荷（緊張・圧迫など）を中心に考える。ねじれていく側から言えば、①握られている右手〜②右腕側の肩関節〜③鎖骨・肩甲骨を経過し左側の肩関節〜④背骨を経過し右脇腹側〜⑤腰を経過して骨盤左側〜⑥左膝関節〜⑦左足関節（足首）であり、それらの関節を挟んだ、例えば膝関節であれば、大腿部とすねやふくらはぎの筋肉の緊張や圧迫・引っ張り・ねじれ感をたどることになる。最終的に、左足の足刀部（小指側）までねじれが伝わるので、そこから今の番号を逆にたどればよいのだ。

纏絲勁の具体的練習

A（右）は足を肩幅、右手を肩より少し低めに身体の横に差し出す。

B（左）はAの腕を取り、ゆっくりと時計回りにねじる。Aは右肩に圧迫を感じている。

Bはねじり続ける。Aは左肩に影響が出、動いていることを確認。

Aは右腰から左太腿に緊張があることを感じる。左足から伝わってくるねじれで動きそうになるが絶対に動かさない。

ここで身体が感じていることを、いかに精密に知覚化できるかが、内感覚の精度と正比例していくことになる。だから、見かけの形が同じであっても、中身に雲泥の差が出てくることになるのだ。

1―4 纏絲勁の実際的現象

さて、この順序で練習したとすれば、第一段階で単純だがおもしろいことが起こる。

それは、BがAを力一杯ねじっておく、ということなのだが、そのねじれが外れてしまう、あるいはBが倒されてしまうのだ。

つまり、Bのブロックしている力を崩してしまう、ということだ。もちろん、これは纏絲勁や伝導を獲得するための練習なので、どんな場合にもねじれを外せる、ということではない。が、しかし、大方の場合に通用してしまうのも事実で

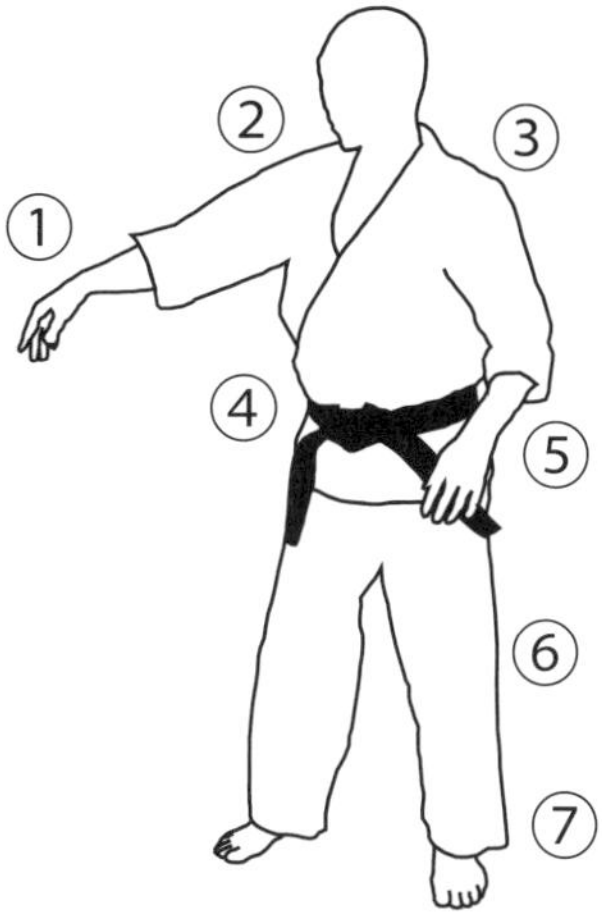

ねじれていく部位の順番

ねじれていく様子のイメージ図

ねじれを戻していく部位の順番

ねじれがA（右）の左足小指側に伝わったことを確認。
この状態を基点としてねじれを逆に戻してゆく。

左膝を戻す。ねじれを戻す時、他の肉体部位は動かさない。ゆえに〝肉体のゆるみ〟を意識的に作っていかなければならない。

腰から背中が戻る。
B（左）が握っている部分が動いていないことを確認。

左肩を戻す。右肩、右肘は完全にゆるめる。

右肘を戻す。Bにねじれの戻りが作用し始める。

握られている部分を戻す。Bは完全にバランスを崩し、手を離すことができない。左足から右足への体重移動も加えるとBはそのまま崩れる。

ある。

そこにはどんな要素が入っているかと言えば、この練習をするにあたって、BがAの腕を力一杯ねじる。その時に、試しとしてAは伝導を使わずに、腕力だけで相手の腕を外してみることをする。そうすると、よほどの腕力差や体格差がない限り、振り解けないことが分かるはずである。当研究所では、高校一年生の女性（身長百五十五センチ・体重四十五キロ）を実験台にし、男性で合気道や空手、柔道の有段者に腕をねじり上げさせる。こういった、明らかな筋力差・体格差・腕力差の中で、できることを技術と呼ぶのだ。

もちろん初心の段階では、完全に振り解くことはできないのだが、少し内感覚ができ、それを肉体を通してコントロールできる状態、つまり連動という感覚が分かってくると、見事に振り解けてしまう。そこで初めて、纏絲勁や連動が独りよがりではなく、でき上がるプロセスの中にいる、ということが分かるのだ。

この「ねじれの戻り」の第一段階は、記した通りで自分勝手に戻してはいけない。あくまでも、ねじれの線にそって戻すのだ。しかし、次の段階に入るとねじれの線に沿って感覚していく、つまり、ねじれにより緊張している点を緩めることで、自動的に戻る運動を呼び起こすのだ。もちろん、難しい。どうしても意識が働き「戻す」という動作になってしまう。

そこを通り越し「戻る」に進化させていくのである。

1—5　纏絲勁を具体化した時の要素

纏絲勁の要素を大きく分ければ三点ある。一は「連動による力の複雑な合成」で、ねじられた側の肉体で作られる距離とねじれ戻り。二は「無意識反射（攣縮《れんしゅく》）の認識」で、握っている側の感性に関わるもの。三は「体重の移動」で、基本的には、片方の足側に掛かっている自分の体重を反対側に移すことで起こること、という三点だ。

実際には、握っている側はいつ相手がその腕を解くのか分からない、という状態にあるから、予期せぬ時に握っている腕ごとバランスを崩されてしまうのである。それは、いきなり握られている腕を戻すのではなく、ねじれの終着点から、徐々に握られている腕にねじれが戻り、ねじれが戻り終わるまで握っている腕に気配がないからだ。

この中で、いつ相手が腕を解くのか分からない、という点が重要なポイントになる。

つまり、こちらが相手に何をするのかが分かってしまえば、間違いなく相手は変化するし、反応も起こり余計な力を出すことになるのだ。その意味で、第一段階から「握られている腕を絶対に動かさない」ということを条件に入れ稽古をしていくのである。

こういった、具体的な肉体分析や人の生理の分析がない限り、つまり「人の構造的認識」がない限り、武術という深遠な人間技術を実現することはできない（大方の場合、個人の独断的な見解のみで「技」を分析するため、一般化できない）。当研究所は、あくまでも人間の技術の最高峰としての武術を研究しているのであり、その具体的分析から、実現のプロセスは他にないと自負している。

1—6　纏絲勁の応用は故塩田宗家にも見える

この纏絲勁というのは、あくまでも「ねじれる」ということを感覚し、原動力とする練習なのだが、その中の三つの要素だけを取り出せば、合気道や柔術のいろいろな「技」を実際に実現することが可能になる。それこそ、私がよく取り上げる養神館の故塩田宗家の技術の一端は、最初に説明している通り「集中力」という形で、この三つの要素を説明しておられるのだ。

この纏絲勁↓肉体内での距離作りは、言葉を換えれば「肉体の連動」になり、原初生命体時代から培われてきた、生物一般の基本的な動きだ。その「肉体の連動」をいかに用いるか？が、「技」の骨格の一部を支えていることになる。具体的には、「どこを連動」させるのか、「何を連動」させるかである。その「何を」が、自分自身の「体重」であり、その体重が「力」となって、相手に作用するのだ。

故塩田宗家をご存じの方は、晩年の宗家の姿をよく思い浮べてほしい。あの小柄な身体、年令、どれをとっても表面的にはお弟子さん達よりも劣ってはいても、勝っていた点はないはずだ。その宗家のごくわずかな動作で、なぜ「力」が相手に作用してしまうのか。

そこには、ここで言う「連動」と別の要素である「肉体の固体化」を通して「力」が作用しているのであり、決して理解不可能な力が働いていたのではないのだ。

ここで誤解されては困るのは、理解不可能ではないイコール簡単である、というのではなく、具体的な段階練習があり、獲得できる、という意味である。つまり、オリンピック選手以上の、緻密で具体的な練習があれば獲得できるのだ。

1―7　発勁は肉体の瞬間的連動

纏絲勁を通して「肉体の連動」を作り上げていった先に「発勁」がある。

具体的には、先ほどの纏絲勁の練習が熟練した先に、連動のスピードアップの訓練をし、さらに内感覚をイメージ化できるようになると「瞬間的連動」が行なわれる。その瞬間的連動が「発勁」であり、名人といわれた方が臨機応変に応用している構造的運動なのだ。

また逆説的に言えば、この「肉体の連動」こそが個人の身体運動の基本をなしており、基本から外すことのできない要素である。そこに常に付きまとっているのは「内感覚」であり、その「内感覚」という実感に対する「集中」が途切れれば、その瞬間に連動は途切れ、相手に作用しなくなる。つまり、ライフルの溝がつまった状態になってしまうのだ。

いわゆる名人といわれた方達の「神技」は、こういった目に見えない肉体内での作りや仕掛けが、緻密に働いているのだ。だから、目に見えていることだけをいくら練習したところで、ジャズダンスやエアロビクスの域を出ない肉体運動に終わってしまう。行着く先には、身体の故障に悩まされる老後が待っていることは確かなことである。

1―8　腕や足は身体の末端器官

ここで、「身体の運動の基礎的なこと」にスポットを当てて、結果としての発勁や技全般を読者が実現しやすいように説明しよう。

私が、武術を研究し始めた当初、「突きの威力」を増すために、また「蹴りの威力」を増すために多くの方達と同じように、単純に腕立て伏せやヒンズースクワットといった、筋力トレーニングにウェイトを置いてきた。しかし、身長体重とも小柄な人間は、身長体重に恵まれたものと同じ筋力トレーニングをしたところで、絶対に、恵まれた人よりも大きい筋肉を付けることはできない。

よって、絶対的な筋力差を埋めることができない、ということがすぐに分かった。

それと、日本伝統武術に残る名人は、年老いても強かった、という逸話が「単純な筋力トレーニングではない」ということを示唆してくれていた。

そこで辿り着いたところが「身体の仕組みにそった合理的な身体の使い方」なのだ。

体内距離と力の伝導　「ねじれが戻る」

相手からみて時計方向にねじれが体内で作られている。（右手がねじれている点がポイント）

右手に伝わっているねじれを一気に戻す。（右手が戻っている）「瞬間的移動」

同時に数センチの体重移動をする。（両足に均等に乗っている体重を若干右足に移す）

筋肉をどう増やすか、ではなく、どう使うか？にポイントがあることの発見だ。私自身は、器械体操やドラム、ダンスなどを通して、身体をかなり巧みに使っていたはずなのだが、根本的なこと（身体の内感覚に基づいて、身体を意図的に操る）を研究していたのではないところから、改めて「身体の使い方」として、研究することにしたのである。

つまり、私自身が器械体操やダンスができている、ということと、その時身体をどう使っているか、を自覚して客観的に使っている、ということは全く別の物である、という発見だ。スポーツなどでよく言われる、名選手イコール名コーチにあらず、といったことと同じで、「できる」と「分かる」、また指導できる、とは、全く別のことであるということだ。

さて、身体をよく観察していくと、腕や足は身体全体から見た時には、端にくっついていることが分かる。つまり、胴体を本体とした時、腕や足は本体にくっついている、ということだ。

1―9　腕や脚を身体全体で使うための基本、まず腹筋と背筋

そこで、超一流といわれるスポーツ選手、バレエ、舞踊、武術他、とにかく身体を使って何かを表現している人達の動きを、徹底的に観察してみた。結果、いろいろなことを発見したのだが、その中で大きな発見は今問題にしている「腕や足の使い方・使われ方」だ。

身体を使って行なう、アーティストやアスリート、他超一流といわれる人達は「腕や足を直接使うのではなく、何かに使われている」のだ。それは、そういった人達の筋肉の付き方を見れば一目で分かる。つまり、使われている人の身体つきは細く、使っている人の身体はごつごつしている、という非常に分かりやすい見え方だ。

例えば、アスリートの超一流、カール・ルイスと他のアスリート達を比べれば、誰が見ても明らかに身体の線が違うことが分かる。この違いは、身体全体を合理的に使っているのか、身体を部分品として使っているのかの違いだ。部分品として使っている場合は、部分の筋力トレーニングの結果が、ごつい身体として現われ、全体として使っている結果は、すっきりとした身体として現われている。

そこで、腕や足の本体としての胴体、そしてその本体にある一番大きな筋肉を効率よく使えば、腕や足は効率の良い動きができるはずである、という仮説を立ててみた。

つまり、腹筋と背筋をいかに合理的に使えるか、が手や足

の動きを効率よく、しかも力を出すに繋がる、ということだ。この考え方は、数年してから、フェルデンクライスというポーランド出身の物理学博士が、自分の膝の治療が当時の医学では絶望と言われていたのを、独自の研究と実践で克服し、「フェルデンクライス身体訓練法」として治療に世界的に活躍してるものと同じであることを知り、改めて身体運動の共通性を感じたものだ。

それが日野武道研究所で言う「力の原理としてのねじれ」に発展したのである。

さらに言えば、武術でのつかみ技系での鍵となる、「聴勁」にも繋がる重要な発見でもあった。

つまり、「身体の仕組みにそった合理的な身体の使い方」とは、武術という特殊な運動を、身体という精神を含んだ構造物の運動と捉え、そこから引き出した運動の本質を改めて武術に当てはめ、身体を使って表現するあらゆるジャンルに当てはまるかどうかを考えたところでの「合理的な身体の使い方」ということである。

以前対談させて頂いた、武神館宗家初見良昭師はイスラエルでのご自身のセミナーで、フェルデンクライス医学の大家から「初見先生の動きは、フェルデンクライスから見た、人間の自然で完璧な動きである」と言われたそうだ。

だから、武術と言えど人間全体の運動であるのだから、民族やジャンルを越えあらゆる運動との共通性があり、その共通性をもって合理的な身体の使い方、と言えるのである。

1―10 実際に腹筋と背筋が手足を動かす

この手や足を動かす、という動作を腹部の「ねじれと緩み」ということで、いろいろ試してみた結果、自分の動作は全て下腹部を中心に行なわれていることが分かった。これは、俗に言う「丹田」という概念の実体化、となるのではないかという気付きだ。

つまり、腹筋を始めとする上半身、足を始めとする下半身の動きの中心点、または中心軸は下腹部にある、ということだ。

それは、「動く」という現象は、「停止」ということとの相対関係にあることなので、「動く」は「停止」がなければ成り立たず、その「停止点」つまり「軸」があるから、「動く」をコントロールできることに繋がるのだ。

身体で言えばその停止点が、下腹部でありそこから厳密に、ある一点を探り出せば、それが、いわゆる丹田である、ということになったのだ。

まず、こういうことを試して見てほしい、足を肩幅に開き、肩の緊張を緩め腕が体側にだらりと下がった状態を作る。そこから、その両腕を動かそうとすれば、身体のどこをどうすれば良いのか？だ。

一番簡単に腕を動かそうとすれば、腕を直接動かすことだ。つまり、腕以外の部分を動かさずに、腕だけを動かすことだ。そうすれば、腕は誰にでも動かすことはできる、いわば、日常の動きであり無意識的に日頃使っている腕の動きなのだ。その動きの大部分が腕の筋肉だけに頼っている。

それが、「腕力」ということで、その状態の延長線上で突きをすれば、また武術として腕を使うと、腕力差や体格差が全てとなるし、武術で言う「技」に辿り着くことはできないことになる。

そこで、まず頭のてっぺんから両足の中心に至る、垂直の軸があると想像し、肩を、例えば左の方向に回転させていく。その時に、下腹部は最初に向いている方向からずれてはいけない、つまり、最初からへその方向を動かさないようにする。この時のポイントは、いかに腹筋と背筋を緩められるかだ。

私の教室でも、下腹部を動かすな、といえば、勘違いをして腹筋や背筋を緊張させる人がいるが、それは大きな間違いで、いかに緩めるかがポイントなのだ。そうすると、腹筋と背筋

両足を肩幅に広げ、膝を少しゆるめて立つ。

帯の結び目を動かさないように肩をねじる。

両足と直角の関係くらいにはねじる。

ねじれの緊張をゆるめると肩が回転する。

両足を肩幅に広げ、膝を少しゆるめて立つ。

やや猫背気味になり、腕を肩からぶら下げる。

腹筋の伸ばしを意識し、胸を下げる。

腕は姿勢を保つための必要最小限度の緊張を加えておく。

が肩の回転のねじれにより、緊張していることを実感できる、雑巾を絞ったような状態ができているはずだ。

次に、そのねじれ（緊張）を軸がブレないようにスパッと緩めると、肩は元の位置に戻るように動く。その動きを止めずにしていると、腕は回転によって振られ続くことが分かる。

話は、横道に逸れるが、この動きをもう少し厳密にすると、気功などで言われる「スワイショウ」の一つにもなる。

この肩の回転によるねじれも、腕を動かすことの一つ、ということである。

次に、同じように両足を肩幅に開いて立つ。少し猫背のような形を作ると、腕はまた肩からぶらさがった状態になる。その猫背を、急に元の直立の姿に戻すと、腕は振られて頭の方に上がることが分かる。

それを繰り返すと、腕は上下運動を繰り返す、もちろんこれも「スワイショウ」の一つだ。

この二つの運動でのポイントは、腹筋と背筋に意識を向け、ねじれに伴う緊張感や、筋肉の圧縮による緊張感を感じ、それをコントロールすることにある。

1―11 ねじれの戻りが力を出す

一般的に「ねじれ」といった時、ニュートラルの状態からねじれを作っていくことを差している。例えば、空手の正拳突きは、相手の身体をえぐるように回転させるし、ボクシングでも同じようにねじって出す場合がある。

この場合のねじれは、こちらの突きなりパンチなりが、相手の身体に当たった後威力を増すために、自分の体重を乗せながら相手にねじ込むことだ。

しかし、日野武道研究所が言っているねじれは、ねじれた状態から戻る運動を差している。その時に、身体で一番大きな筋肉、つまり腹筋と背筋を使う、ということにポイントがある。

だから、ねじれた状態が「溜め（筋肉が縮んだ状態）」の状態であり、身体をねじることで力を出す、ということではない。ねじれが戻っていく運動（ねじれが戻っていく身体の運動）を利用する、ということなのだ。この筋肉の伸縮で腕力を説明すると、常に縮んだ状態で腕だけを使うのが、一般的に言われている腕力である。

腹筋と背筋のねじれによる〝溜め〟

ねじれを隠している〝溜め〟

当然腕全体の筋肉は縮んで緊張しているので、関節の動きは限定され自在に動かすことはできない。手頃なバーベルを持ち上げてみると良い。そのバーベルが五キロとすれば、それ以上の筋力を使わなければそのバーベルを持ち上げることができないし、また振り回すとなればそれ以上の筋力を使っていることになる。

その時、腕や肩はかなり緊張していることが分かる。

次に先ほどの肩の回転と、猫背からの腕振りを使ってバーベルを動かしてみよう。実感として腕の緊張の度合いが良く分かるはずだ。肩の回転や腕振りでバーベルを動かす場合、バーベルを持っておくために必要最小限度の握力だけが必要で、腕や肩の筋肉の緊張の少なさを実感できるだろう。

1―12　相手を使った運動の検証

といったように、かなり大まかではあるが実際に腹筋と背筋を使う、ということに注意を向けると、腕の自由度が広がっていくことを実感できるだろう。

だから、腕をどう使うのか？ではなく、腹筋や背筋をどう使えば、腕はどう使われるのか？が、武術を始めとする身体運動を合理的に行なうための鍵になるのだ。

そこで、そのねじれや猫背からの運動が正確にできているかどうかを知るためには、人と関係してみれば誰にでも良く分かる。（補足だが、ここで言う猫背と、胸の円みとの合成をすれば、先に少し説明した含胸抜背の上半身になるのだ。）

まず、両足を肩幅に開き、膝を少し曲げた状態を作る。次に、後から抱え込むように捕まえてもらう。その状態で、後から捕まえている相手を振り解こうとする。もちろん条件として、後の相手には絶対に動かされないように両足を踏張ってもらうことを忘れてはいけない。

すると、振り解こうとすれば自分の上半身がぐらつくだけで、決して振り解けないことが分かる。これが女性と男性だと如実に分かる。武術を知らない男性でも、本気で女性をホールドすれば、振り解くことなどできない。

そこでもう一度同じ状態を作る。そして、締められる側は両足を腰も含めて、ねじった状態、つまり、相手と平行の足位置ではなく、角度を持たせた足位置になる。そこで、まず締められた側が自分の腹筋と背筋のねじれを実感レベルで確認する。その上半身のねじれの緊張感を元の場所に戻すのだが、それは自分の足と平行になる場所に戻せば良いのだ。

そうすることで、結果として後からのホールドは解けることになる。その練習を繰り返していくと、ねじれの感覚が自

ねじれ・猫背からの連動が正確に身に付けば……

背後からがっちりと締め付ける。

下半身をねじり、腹筋と背筋の緊張を感じる。

普通に力で振り解こうとしても、動かない。

上半身のねじれを下半身のねじれの方向に戻すと、後ろの人間は完全にバランスを崩す。

分の物となり、次の段階に進んでいく。

1―13　技を実体化するには正確な感覚線が要る

発勁は纏絲勁で実現する、と以前説明したが、纏絲勁そのものも、ここで言うねじれの戻りなのであって、ねじって行く、ということではない。そして、そのねじれの元になるのが腹筋と背筋であり、その身体で一番大きな筋肉を、運動を作る元とした時、結果として大きな力が現れるのだ。

そのねじれを末端、つまり、腹筋と背筋のねじれを、腕もしくは手まで伝えるためには「運動という感覚の線」が必要なのだ。事実としていくらねじれができていようが、それ自身をもって力になるというものではない。そういった意味において、ここで言う実験ができたからといって、ねじれをマスターしたわけではない。

身体全体の仕組みは、事実としていくら完全であっても、それを使うための方法や身体に対する認識が間違っていれば、また、実感が伴っていなければ、決して完全に使うことはできないのだ。

そういったところから考えていけば、武術の「技」は、身体という完全な構造物を、完全に使うための非常に優れた材料であることが分かる。武術史に残る名人といわれた人達は、人間という完全な構造物を、自らの人生と身体を賭けて知り尽くした、という見方もできるのだ。

2 〝身体定規〟を作れ！

2—1 連動の感覚線の重要性

「ねじれの戻り（腹筋・背筋を使う）」や「体重の移動」が発勁（肉体運動の力化）につながり、それらは「身体の連動」をともない、さらにその「連動の感覚線」を意識できることがポイントである、と説明した。

ねじれの戻りや腹筋の屈伸で、簡単な例を挙げてみせたが、その例もどんどんシビアに条件を付け加えていくと、残念ながら「ねじれの戻り」という事実としての運動（自覚を伴わない）だけでは成功しないことが分かる。その壁をクリアしていくポイントが「連動の感覚線」なのだ。

つまり、いくら運動だけができたところで、肉体が感覚されていなければ、そこで作り出される力には低いレベルで限界が現れてしまう、ということである。当然発勁というレベルにいくことはない。

それは、自分の肉体と言えど、感覚されなければ自分がコントロールすることはできない、という当り前の事実があり、コントロールの鍵を握っているのが「感覚」なのだ。「感覚」されているから、肉体全体を使えるのであって、肉体全体は繋がっている、という事実だけでは、肉体を全体として使うことはできないのである。（ここでいう感覚は「認知」ということでもある）

また、感覚されているかいないかの違いは、その運動原理を無限に応用できるか否かに繋がる。そして、感覚されていない場合は、肉体を意図的に連動させることができないので、関節ごとのブロックとしての筋肉運動になり、合理的な全身運動にはならない。

結局は無自覚な日常運動と同じなので、肉体の衰えとともに全ては衰える、ということになるのだ。単純な例で言えば、無自覚な腕力だけに頼った部分的な力であれば、年月と共に衰えてしまうということである。

そして、極論化して言えば、感覚されるから肉体自身を形成している繊維、つまり筋肉の一本一本まで操れる、ということになるのだ。それが、筋肉を一つの固まりとして使用するのか、一本一本を連動させて使用するのかの違いであり、その違いが爆発的な力や衰えない力に繋がるのだ。

黒田鉄山師と甲野善紀師が対談形式で書かれた『武術談義』(壮神社刊)の中で、黒田師の祖父故黒田泰治師の前腕の筋肉についてふれた『祖父が手作業をすると前腕の筋肉が細かな凹凸を作ってピクピクと動く様は、普通に筋肉が発達した方達のものとは、全く異なるもの……。そして強いていえば、解剖学で言うところの、一本の筋肉が二通りにも、三通りにも働くとでも言えるでしょうか。ただ腕が太いのとはわけが違っておりました。』という一節でも、達人といわれた人は筋肉の使い方が違った、つまり「技」という精密で高度な精神を含んだ身体運動が、そういった肉体を実際的に作り出したことを物語っているのだ。

そういった、肉体自身に対する感覚を無意識レベルまで浸透する訓練をした先に、「肉体の力化(名人の肉体)」が実現するのだ。そういった意味においても、自分の身体を自覚的に使う(感覚しながら)のが大切であることが、分かると思う。

2―2 感覚が運動の質を変化させる

肉体に対する「感覚」、具体的には引っ張り感や圧迫感などに注意を向け訓練していくことが、運動そのものの質を上げたり、変えたりに繋がる。読者の方達は、黒田師のように伝統武術の宗家として育ったのでもなければ、天性の素質が備わった人間でもなく、また武術そのものを職業としているのではないだろう。そういった環境の中で、効率的に武術の要素を学ぼうとすれば、この「感覚」が一番大きなポイントになる。

つまり、「感覚」という新たな視点を肉体に持たなければ、しょせん、枠のない整理されていない自分勝手な日常運動の延長にしかならず、武術の達人たちの匂いすら嗅ぐことはできないのだ。当研究所でのトレーニングの重要なポイントは、この「感覚」に絞りこんでいる。もちろん「感覚」を正しいものにするためには、正確な運動や運動線が要求されるのだが、それらを同時に行なうところに意味があるのだ。「感覚」がおざなりにされれば、それは似て非なる運動になり、どこにも応用の効かない偏った運動のクセが新たに身に付くだけであることを、自覚してほしい。

2―3　連動はスポーツで確認することができる

さて、日野武道研究所で言う肉体の合理的な動きは、世界の一流スポーツ選手や、身体を使って表現する全ての人達と共通する、と言っているが、一般的に知られている代表的なものを挙げれば、アメリカ大リーグで活躍していた野茂英雄投手だ。

彼の投球フォームは、（本人に感覚しているかどうかは直接聞いたことがないので別として）今説明している「ねじれの戻り」や「体重の移動」が百パーセント組み込まれている。また、後の章で説明する「動き出しはアンバランスから」という、武術にとって必要不可欠の要素も具体的にはっきりと見ることのできるモデルでもある。

簡単に言えば、足を蹴ることで動き出すのではなく、体重の微妙な移動で動く原因を作り出している、ということだ。それによって、相手からはこちらの動く気配が察知されず、相手に気付かれず入り身ができるという、重要な要素なのだ。

彼の球の重さやスピードは、「ねじれの戻りと体重の移動」がベースにあり、それに伴った肩関節から肘・手首・指末端への滑らかな「連動（軸足から指先までの鞭のように見える使い方)」が作り出しているのだ。

また、イチロー選手も、この要素の典型的な例といえる。特に、「体重の移動」とバットスイングとの連動は、彼の打った打球のスピードや飛距離と直接関係している。

これらの原理的な運動を使い、それを例えば、投げる、という動作に変換したり、スイングと同調させたりしている、身体を連関させ連動させていること自体も、要素として同じである。もちろん、この例はあくまでも典型的な例であって、野球と武術では条件がまるで違うので、そっくりそのまま武術に当てはまるものではない。

しかし、要素としては何も違うところはないので、「ねじれの戻り」や「体重の移動」を意識して、二人のフォームを検証してほしい。その検証できる目が、自分自身の肉体に反映され、自分を矯正していくことに繫がるのだ。

2―4 ねじれの戻りを突きに変換する「上半身からねじる」

そこで、こういったインナーマッスルと呼ばれる腸骨筋や大腰筋(合わせて腸腰筋と呼ぶ)を主とした「ねじれの戻りや腹部の緩み」を、武術的な力に変換することを説明しよう。

前項では、ねじれの戻りそのものの実験をしたが、本項は、ねじれの戻りを肩・肘・手首に連動させて直線運動に変換させてみる。

大雑把に考えて、「ねじれの戻り」を頭頂から垂直の線を降ろした軸を中心とし、中心から肩先までを半径とした円運動として仮に捉えておく。そして、その円運動を肘関節をコントロールすることで、腕の直線運動に変換させるのだ。

まず、足を肩幅に開き腕を肩からぶら下がった状態にする。肩から肘関節まで(上腕)をそのままにし、肘から手先まで(下腕)を上腕に対して直角の状態にする(この場合は、左腕ということでする)。拳はいわゆる縦拳状態(できるだけ腕を緊張させないために)だ。腕の角度をそのままにし、拳の方向をやや内側に向ける。つまり、拳先は自分の正中線に微妙に近くなっている状態だ。

ここからが一番の難問題である「腕を独立させる」という運動が含まれてくる。そのためには、肩から背中に掛けて緩みを持たさなければいけない。そして最初の段階では、その直角に曲がった腕を誰かに動かないように支えてもらう。その腕のロック状態を残したまま、上半身を左方向にねじって行く。つまり、ねじり終わった時には、自分の両肩の線とほぼ平行に腕がある、という状態になっていなければならない。

そのためには、含胸抜背も要素として含まれるのだが、初心の段階では取り敢えず無理矢理にでも両肩の線と平行にできれば良い、とする。その時、できる限りお尻（腰）を動かさないこと。お尻を動かさないことで腹筋はねじられ、日野武道研究所が言う上半身上部、つまり、腹から両肩の線に掛けて、螺旋状にねじられたことになる。

それが、ねじれた状態のでき上がりで、そこから、支えてもらっている腕が前方に伸びるのと、ねじれが戻るスピードを同調させるのだ。同調させながらねじれを戻り切らせ、意識的に右側まで上半身を誘導して止める。その止まった時と、腕が伸び止まる瞬間を同じにしなければいけない。そして、腕が止まった時、自分の両足の中心点方向に拳先があれば、まず成功とすれば良い。この時、初心の段階では腕が伸び切っている必要はない。要は、ねじれの戻りと腕の伸縮が同調する、ということに絞りこんでおけば良いのだ。

そして、そのねじれが再び左側に向いていく時、肘関節を下に落とすように腕が縮んでくるのだ。決して腕を引く、という意識をもってはいけない。両肩が元のねじれた状態になれば、同じように腕も先ほどと同じ平行の位置になければいけない。これは、結構難しい作業なので（自分では腕の線やねじれの戻りと停止を確認できない）誰かに腕を補助してもらい、運動を確かなものにしていくことが第一段階だ。

2—5　ねじれの戻りを試してみる

次は、このねじれの戻りと腕の関係が、きれいに連動しているかどうか、また連動するかどうかを試して見よう。先ほどと同じように、左の腕を身体の前で曲げた状態を作る。足は、あまりスタンスを広くせずに左足を前に。この左足を前にしているのは、お腹のねじれを確認しやすいためにしているのだ。

その姿勢で、誰かに自分の腕を押さえてもらう。つまり、自分の腕が前に伸びないようにするためだ。だから押さえる人はできるだけ踏張りのきく姿勢を取る。その状態から、まず腕力だけで拳先を押し出してみよう。

押している人がビクともしないことを確認できるだろう。次に、また先ほどの姿勢になり腹筋のねじれに注意をもっていき、そのねじれを戻す方向に力を加え、同時に先ほどの訓練のように腕を伸ばしたらどうなるだろう。

もちろん、最初は肩が緩んでしまってねじれと腕が連動しなかったり、お腹のねじれを感覚できないからうまくいかないだろうが、先ほどの腕だけで拳を突き出すのとは、自分の

ねじれの戻りを腕に連動させる実験1

ねじれた状態で腕を押さえ込む。

ねじれが半分戻り、押し込む“力”を押し戻す。

ねじれが戻りきった時、腕の伸びと連動すれば、大きな“力”を出すことができる。「破壊力がある」ということだ。

腕だけで、押し込まれている“力”を戻そうとしても動かない。

感触が異なることくらいは分かることと思う。

前項のねじれの戻りを直接試すものとは違い、ねじれを腕に連動させる、という要素が加わっただけでいきなり難しくなる。それ位、身体の末端としての腕や足を使いこなすことは難しい、ということだ。だからこそ、感覚にとっても運動そのものにとっても、意識にとっても精密な訓練が必要だ、ということが分かるだろう。武術で言うところの「技」とは、こういった積み重ねの中で一つ一つできていくものなのだ。

2―6 身体で定規を作り出す

だから、とにかくこれを反復練習し、正確な運動線を身体にしみ込ませることが大切である。しかし、勘違いしてはいけないのは、単純な反復練習では何の意味もない。ねじれが戻ることにより腕が伸びる、そしてその腕は常に一定の場所を狙っている。

その伸びた腕は、常に一定の場所に戻る。ねじれの戻りが動きの原動力であって、予備動作を腕に持たない。といった、一定の条件を反復練習する、ということだ。そのことによって、ねじれや腕の運動が、一定の秩序を持ち「運動線」ができ上がってくるのだ。

さらに、その運動線ができ上がってくれば、ねじれている時の圧迫感や引っ張り感、ねじれが戻るのにつれて起こる感覚の変化、腕を伸ばす時の感覚、それらの感覚を「自覚」しながらする、という要素に重きを置いた反復練習にしていかなければならない。

こういった精密な練習が、自分自身の「身体の定規」を作り出すのだ。定規ということで他の世界を見ても、正確な定規があるから、正確な建物や全ての構造物が作れるのであって、何かを創造するにあたって「定規」は必要不可欠のものなのだ。

また、熟練した「人間の技」そのものを定規としている、職人さん達の世界、匠の世界もある。神社やお寺を専門に作る宮大工、茶室を専門に作る建具職人、刀匠、その他いろいろな分野を支えている職人といわれる技術。これらは、長年の修練の中で培った確かな自分の定規（感覚）があり、だからこそ確かな作品を生み出すことができるのだ。もちろん、身体運動もその例外ではない。高度な身体運動や表現を要求されるものには例外なく精密な訓練が要求されている。

例えば、クラシックバレエや日本舞踊・能の世界だ。当研究所の武術に対する認識は、こういった精密なことを要求される様々な分野があるが、中でも最も精密なことを身体に要

ねじれの戻りを腕に連動させる実験2

腕を補助し、運動線と体内感覚を確認する。腕を補助してもらうことで、腕の独立と肩のゆるみを身体の感覚でおぼえる。

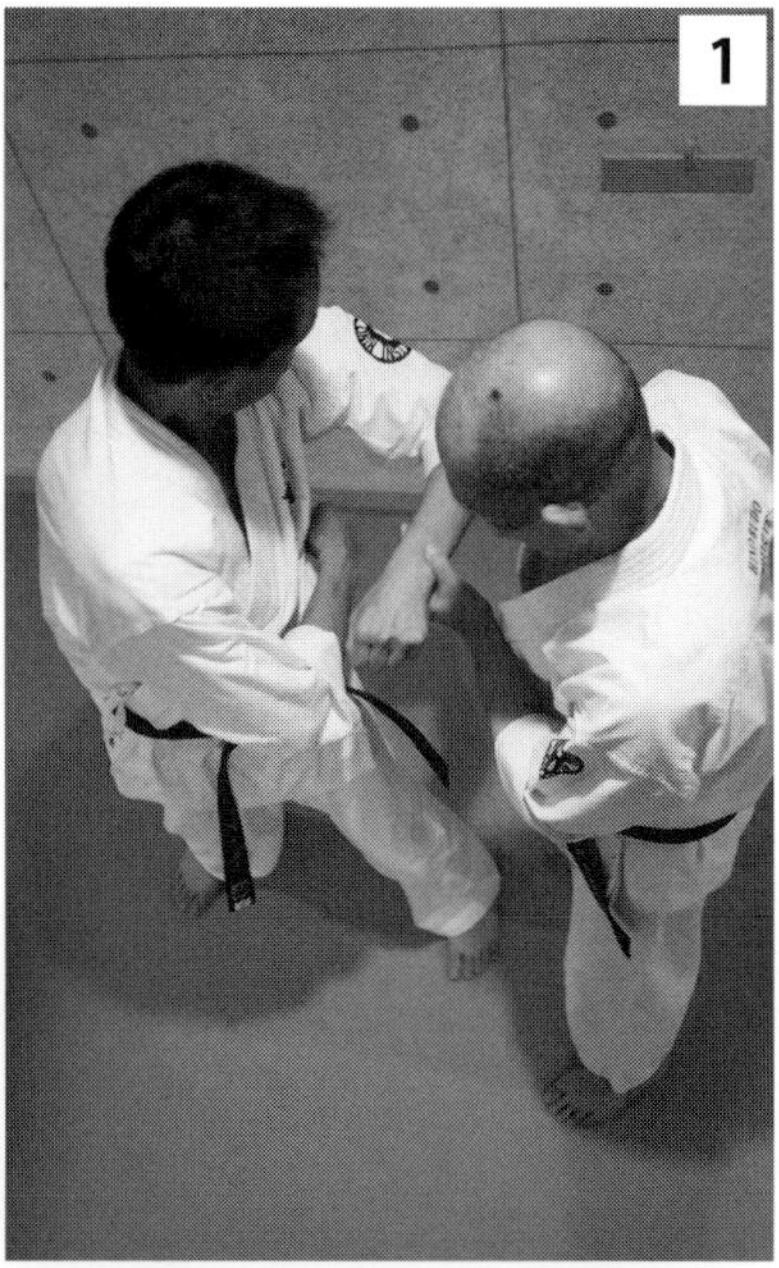

求しているのが武術だとしている。

それは、武術の「技」は、相手と自分の生命のやりとりそのものであるからだ。だから、定規そのものも他の分野のものよりも、確かで精密な精度が要求されることが分かるだろう。定規そのものが「技」の基本を作り出していることを、しっかりと自覚してほしい。

2―7 「技」は即席には実現しない

身体運動に一つの秩序を持たせることは、ねじれの戻りと腕の連動、という上半身のしかもかなり限定された動きにもかかわらず、なかなかできるものではないことが分かることと思う。つまり、言葉では簡単に言い表わせることであっても、実際にそれを実現しようとすれば、まず最初の段階から身体を自由に操れない、という現実があるのだ。武術に限らず、いろいろな即席の方法論が巷には溢れかえっているが、それが間違っているのではなく、もしもそれを選ぶのなら、自分が目指すもの、自分が目的とするものはその即席程度のものである、ということをはっきりと認識しておく必要がある。

いろいろなジャンルの一流といわれる人達は、一朝一夕に一流になれたのではない。たゆまぬ努力と研究心、何よりも自分が取り組んでいるものに対する情熱が人の何十倍もあるから一流になれたのだ。

中でも武術は、高度な身体運動を要求される。「身体の定規作り」は高度な要求を実現するための、頭と身体と心の入り口である。

2―8 技の普遍化

「ねじれの戻り」という運動を使って、「身体定規」を作り出す一例を紹介してきた。その中で身体運動に一つの秩序を持たせることが、より精密な身体感覚や運動を実現することに繋がり、それが高度な「技」になっていくことも紹介した。

そこで、もっと根本的なことを言えば、自分自身の「技」に対する捉え方、武術に対する捉え方が自分の「技」を限定するのだ。つまり、当たり前のことなのだが人間の成熟度や成長は、全て自分の目的に対する捉え方が決定する、ということになる。

簡単に言えば何事によらず、自分次第ということだ。そういった事実の中で「身体定規」の役目は、自分自身が一人よがりにならず、いろいろな情報に振り回されないための一つ

ねじれの戻りを腕に連動させる実験3

肩から腕がぶら下がった状態。肘を直角に曲げ、拳を軽く握る。拳先を少し中心（正中心）に向ける。

右手を前に出すとともに上半身をねじる。

ねじれの戻りと腕を連関させる。（左腕が前に出る。）

ねじれが正面をすぎ、反対側にねじれていく。（左腕はかなり前に出る）

腰や下半身が上体のねじれにつられないように、感覚でコントロールする。

ただ力まかせに叩けばパワーある音が出るという訳ではない。ポイントは〝一点集中〟。

の目安になるものであり、また、逆にいろいろな情報を的確に理解するためのものにもなるのだ。

2—9 ドラムで発勁「木で金属を切る」

この発勁の解説を書いている時、ふと、以前私がジャズの世界でドラムをやっていた頃、ちょっとした出来事があったのを思い出した。それは、あるフルバンドでコマーシャルの仕事の本番演奏中、あまり曲が退屈なので間奏の時、アドリブで思い切り叩きまくった時に起こった。シンバルを叩いた時、瞬間的に全体の力が統一されてしまったのか、何と木のスティックで、シンバルを切ってしまったのだ。

厳密に言えば、水平方向にしたシンバルの縁を叩いたはずのスティックは、中心に向かって十センチほども食い込み抜けなくなったのである。また、同じように、バスドラムのペダルを一踏みで折ってしまったことが何度となくある。

このシンバルやバスドラムのペダルは、叩くために作られた金属性のものであり、踏み込むために作られた、かなり強度のある金属だ。ちなみに、シンバルはパイステ社の十八インチで、焼きのかなり硬いもの、ペダルは、ラディック社のこれも強度には定評のあるものだった。

割れたシンバル（後、グラインダーでカット）とスティック

これは、力一杯シンバルを叩いたり、力一杯踏み込んだから起こったのではなく、シンバルを叩く切れの良さ、踏み込みの切れの良さがこういう現象を引き起こしたのだ。

余談になるが、ドラムを叩いていた頃、スティックの先端一点にすべての力が集中しなければ、ドラムとしての楽器の音はしないしパワーも出ない、という発見をした。ジャズをやりはじめた頃、ドラムなど誰が叩いても同じ音がするくらいに思っていたが、超一流の人とそうでない人は、同じ楽器を叩いても全く違うのだ。

それは、楽器すべてに同じことが当てはまる（武術を考える上での突きや剣の斬撃力を考えるヒントになっている）。つまり、スティックとシンバルやスネアードラムとのタッチが、音質や音量と関係するので、当然、技術の差が音の違いということに現れるのだ。

2―10　ドラムのトレーニングが集合力を作った

この頃、直接的なドラムのトレーニングとは別に、足のバネ（膝関節と足首関節）を柔らかく鋭くするために、爪先歩きをしていた。とにかく、何をしている時も常に爪先立ちをしていたのだ、電車の中でも道を歩く時も、喫茶店で座っている時も、寝る時以外は爪先歩きを三年間は続けた。

こういった地道なトレーニングが、自分自身の爪先の感覚を鋭くし、身体のバランス能力を増し、瞬間的な力の集中を養うのだ。現在、私の研究所でも生徒達には基礎的な身体バランストレーニングとして、爪先歩きをすすめている。

2—11　身体定規の確立

ドラムで基礎的な身体定規と言えば、「メトロノーム」というテンポを刻むマシンと全く同じようにテンポを刻む（全く同じであればメトロノームの音が消えることで分かる）、ということであったり、音量を一定にする、つまり、音に強弱を出せるように、まずは右手と左手、右足と左足で一定の音量を維持することだ。この技術をどれだけ正確に身体に馴染ませるかが、定規の精度の基礎となる。

私の場合は、テンポを刻むということに止まらず、一秒の十分の一を感じ、その瞬間に音を叩き出す、というところまで定規の精度を上げていった。この精度は、スティックで物理的にシンバルやスネアーを叩く時、どれだけ瞬間的に叩けるかに繋がり、感じた瞬間に運動が起こっている、という人間の機能の錬磨につながり、結果として音の切れ味が良くなる。

つまり、俗に言うシャープな音になるか否かの境目なのだ。武術の動きにとって重要な意志の起こりと動きの統一は、私自身はこの音楽でのトレーニングが基礎としてでき上がっていたので、後は武術としての運動そのものの組み立てだけですんだのだ。

これらの訓練を肉体運動というところから見れば、結果として、腕のコントロールと足のコントロールの精度につながっていた。さらには、時間を感じていくことで、運動としての集中力・集合力（全身の運動を一点に集めた時の力）や感覚・身体機能をより鋭敏にしていったことにもなっていた。

このドラム時代のトレーニングは、最初はそういった基礎的な身体定規を獲得するために一日約十二時間ほどを三年間続けた。結果として、短期間で一流といわれる人達とプレイができるようになり、一流といわれる人達の音に触れ、自分の音の未熟さを知り上達させていくことができたのだ。

つまり、はじめに書いた、自分が対象としているものをどう捉えるか、が自分の実力を決定するということだ。私は、ドラムという楽器を分析した。ドラムにはどういった役目があり、それを実現するには何を練習すれば良いのか？を、かなりハイレベルで設定した（世界の一流レベル）。だから、練習の密度や内容が他の人達とは比べられないものになり、結果としてフリージャズの世界で私の立場を確立できたのである（当時日本を代表するフリージャズの、山下洋輔・坂田明・吉沢元治・故阿部薫、世界的な、デレック・ベイリーやハン・ベニング他とジョイント）。

2—12　武術にはより確かな「身体定規」が必要だ

なぜ、武道の研究家が音楽の話を書いているのか不思議に思う人もいるだろう。これは、「身体定規」という言葉のイメージをつかんで頂きたいのと、私自身が音楽や器械体操の世界で「身体定規」を形成したから、自分の目的を達成できた、という目的実現の経験があるからだ。

つまり、より確かな基準を自分で自分の中に作らなければ、自分の思考や運動全てが一人よがりで曖昧になり、何一つ正確なものが、頭を含んだ身体にしみ込まないことを知って頂きたいからだ。そういったことが身についていなければ、当然、年老いても衰えない「技」どころか、年老いるほど故障の多い身体になってしまう危険性を、身体運動が持っているからだ。

私が、時々身体パフォーマンスとして、バレリーナの技術は素晴らしい、と書いているが、そのもっとも素晴らしい部分は、抜群の才能がない人にでも取り組めて、誰でもバレエの香を味わえること、つまり、練習のメソッド（身体定規を確立させるための）が確立されていることだ。そして、目標点がより明確で、そうなるように考えられているメソッドだから、その練習をすることで才能が開花する人も出現している、という素晴らしさだ。

端的にいって、身体を操るのは難しい、ましてや達人の『技』となると、最短距離を通ってもかなりの時間の質と量が必要なのだ。決して、インスタントに獲得できるものではなく、自分の努力と正比例した仕上がりにしかならないことを、しっかりと頭に叩きこんでほしい。

そういったことから考えると、武術だからこそ基礎的な「身体定規」が必要であり、それがなければ身体を高度に操ることができないことが分かることと思う。そして、その練習の組立はかなり緻密でなければ（バレエや音楽教育以上の）、身体に対する、また、運動に対する普遍的なものの見方ができなくなることも分かるだろう。当然、運動そのものもできない、ということだ。

2―13　ねじれの戻りが連続した突きを可能にする

そういった「身体定規」というところから言えば、ねじれの戻りや体重の移動といった運動を通し、運動の感覚線や軸感覚の錬磨が、身体感覚を緻密なものにし「身体定規」を作り上げていくのだ。

また、肉体を部分に分け、武術にとって必要な「力」を出すためのメソッド、日野武道研究所では「武術的身体操法」と言っているものなどで組み上げていくのだ。

さて、本項ではねじれの戻りを原動力として使った突きを説明してきた。この時、突きを出す側の逆の肩（例えば右突きに対して左側の肩）は、第一段階としては突き側とは対称的に後に下がるのだが、右突き側の肩がねじれの戻りの戻り（突きが出ていっているということは、新たなねじれが起こっていることになり、そのねじれの戻り）を起こし後に下がる時、左肩が右肩とは逆に前に出ることになる。

つまり、ねじれの戻りを原動力として、突きが出ていくのだが、その突きが出ていけばまた新たなねじれが生じ、結局、ねじれとねじれの戻りが常に起こっている、という状態を作り出していることとなのだ。だから、その左肩の出と左腕とを連動させれば、連続的に突きが出ることに繋がっていくのだ。

しかし、これは連続の突きを出すための訓練ではない。それは単なる一つの現象で、その現象を作り出している、両肩の連関性、上半身の連動性を誘導・確認するためのものなのだ。一貫して説明しているように、事実としての肉体は一つの肉体として存在し、無意識的に運動しているものだ。その一つに連なっている肉体でも、意志的な運動をすれば、バラバラになり何の秩序もない運動になってしまう。例えば、肉体訓練のできていない人が「突き」という運動をすれば、無意識的に片腕だけに重きを置いた運動になってしまう、つまり、突く側の腕力だけに頼った運動になる、ということだ。

肉体運動は、本来細胞約六十兆と言われる身体全体の連関、連動関係で成り立っているのだが、運動に意志を持たせるとアンバランスで無秩序な運動になってしまう、というやっかいな性質が肉体には内在している。

その原因は、運動そのものの構造を分かっていない（身体も考え方も）、ということもあるが、自分の「思い（突くという気持ちや考え方・無意識的な既成観念）」が、肉体に大きく影響し運動をバラバラのものにしているのだ。

2―14　ねじれの戻りは肉体の必然性を知る入り口

身体の右向きにねじれを作り、そのねじれの戻りを利用して右の突きが出ていく。そこで、先ほどの左側の突きに連関させる場合、左側の腕は、右突きの場合と同じポジションを作っていなければいけない。つまり、左腕は肩からぶら下り、約直角に肘の角度を維持して、拳先は相手の正中線を向いている、という状態だ。

そこから、左側にねじれた上半身を戻していくのだが、ねじれの戻りに関しては既述の注意と同じで良いが、一つ増えた要素に、右側の腕が戻ってくる、ということがある。この場合、右腕を単独で戻すのではなく、ねじれの戻りのスピードと有機的に繋がっていなければいけない。そのためには、かなり慎重にねじれの戻るスピードを感じ、右肘を緩めて折れ曲がるように注意する（決して右肘を引いたり曲げるのではない、そうすれば、連関しているように見えるバラバラの運動になり、結局腕一本の腕力になるのだ。突きということだけで言えば、右の突いた腕が右側に納まるのと、左の突きが出ていくのは、全く同じスピードになっている、ということになる。だから、運動の中間点は身体が正面になり、両腕

ねじれの戻りと突きの関係2

右突きが出ている。右肩が出て、左向きのねじれが起こっている。

ねじれを戻しながら右肘をゆるめる。左肩が少し出る。

ねじれが戻り、身体正面の時に両腕はシンメトリー（左右対称）になっている。

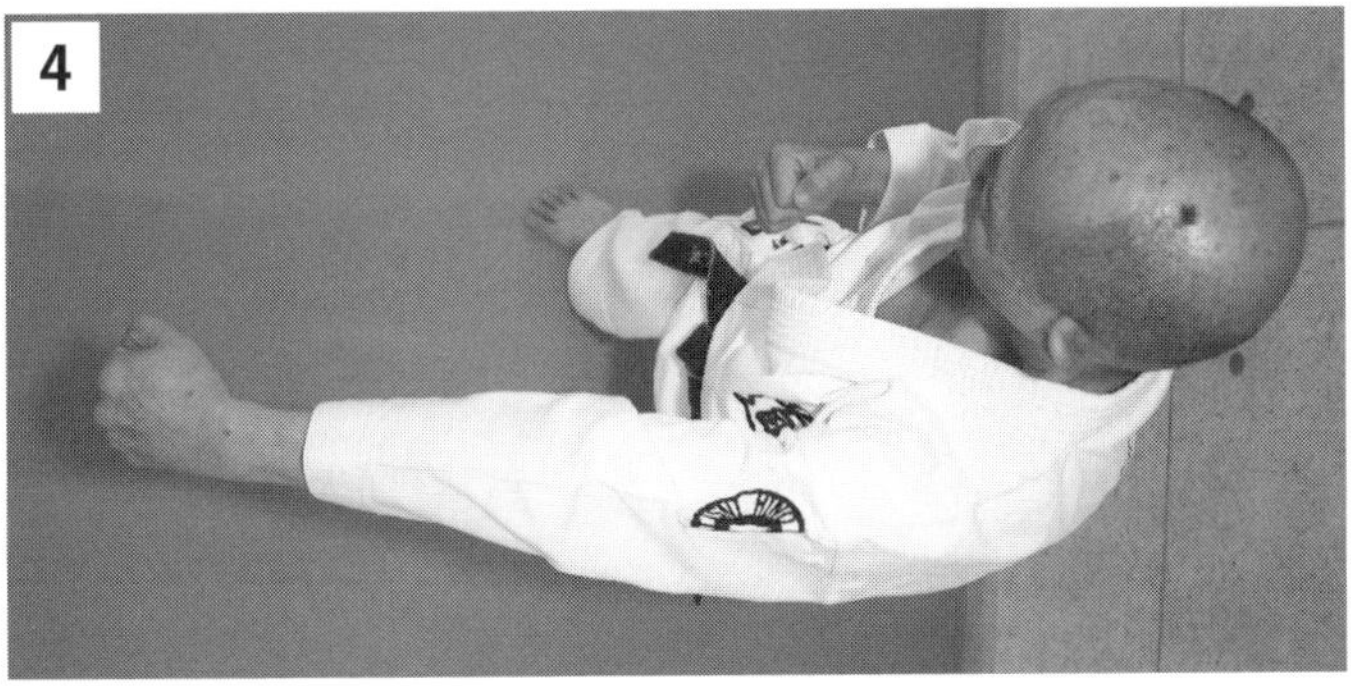

左突きが出ている。右向きのねじれができあがっている。

ねじれの戻りと突きの関係1

横からみたところ。ねじれの戻り・左右の連関ができれば、腕の筋力が弱くとも〝力〟を発揮することができる。

出している右手をしっかりとつかんでもらう。（上半身が左向きにねじれている状態）

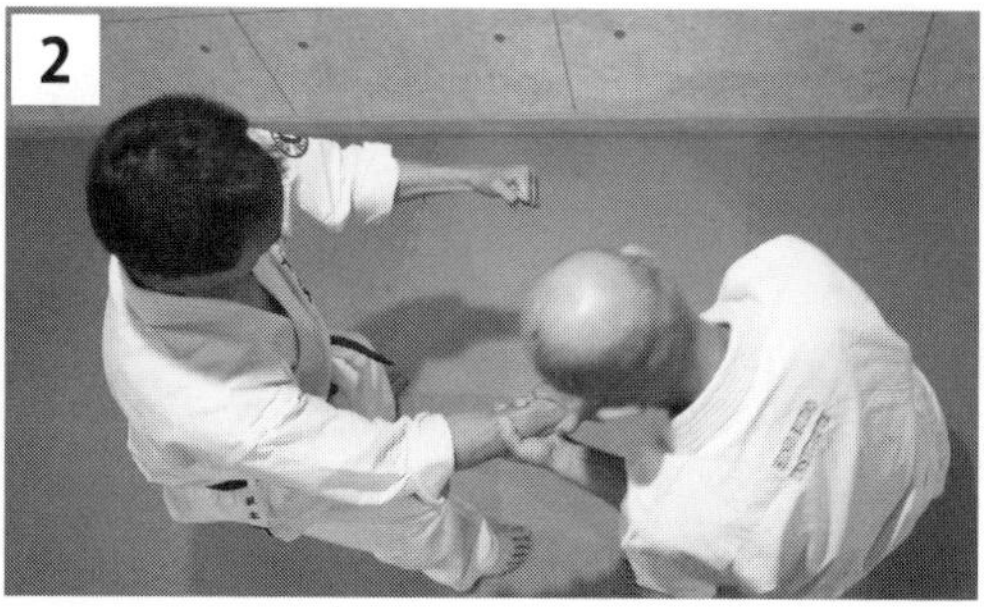

ねじれを戻すとともに左肩が出る。

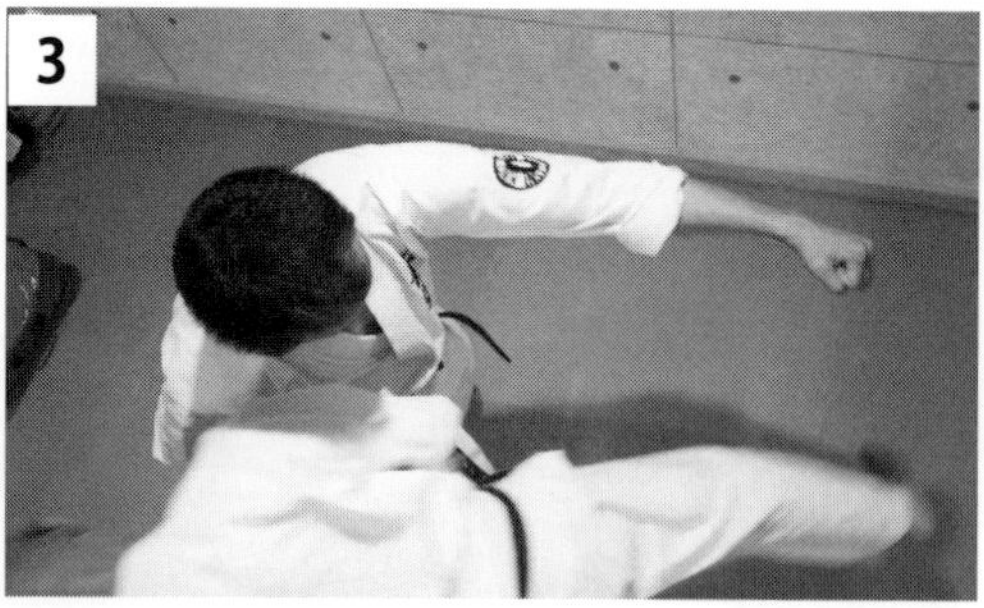

左突きが出た状態。ねじれが戻った結果、右向きにねじれた状態に。

が並んだ状態になっていることが分かるだろう。この運動を、かなり慎重にゆっくりと行なう、そうすると身体の中心に軸を感じられるはずだ。この両腕の関係が無意識的にできるようになれば、必然的に両肩の連関関係ができ上がったことになる。

2—15 両肩の連関の実験

ここまではねじれの戻りを使って突き出す、という実験をしてきたが、今度は逆にねじれと両腕の相関関係を使って引っ張る、という実験をしてみよう。

まず、踏張れる姿勢を作り、右腕を伸ばし自分より体重の重い誰かにその腕をしっかり握ってもらう。そして、右腕を思い切り引っ張って、その人が動くかどうかを試してみる。よほど腕力が強くないと、動かないことが分かるはずだ。

次に、右手を伸ばし右足を前に出し、上半身が左側にねじれた状態を作り出す。そして、左肩に注意を向けねじれが戻るように、圧迫されている腹筋を戻していくのだ。両肩が同時に動き、左側の突きが出ていくことにだけ注意を向ける。

その時、軸がブレずに、握られている右腕にも不自然な緊張が起こらなければ、確実に相手はこちらの方に引き寄せられる。つまり、両肩が連関し、腹筋と連動していれば自分では驚くほど小さな力で、相手が動いてしまうことになるのだ。

このように、事実としては連関している身体も、意識的な運動になればバラバラになる、そこで、連関・連動を訓練することで、改めて無意識的に連関・連動する身体に生まれ変わるのだ。

2—16 肉体のバランスを崩すのは「自分の意識」だ

この実験は、自分のやるべき肉体の操作に注意を向けて慎重に行なわなければ、握られている腕だけに注意が向き、そのことで右腕と左腕のバランスが崩れる。それは、右腕に注意が向いている分、「引っ張る」という意識が働き右腕だけを引っ張ってしまうことになるのだ。

この辺りに、はっきりと身体と思いの無意識的な関係が現れてくるので、よく実感してほしい。自分一人の練習ではできていると思っても、実際に相手と関わっていった時に、できたと思っていた運動もできていないことに気が付く。

そういった、一人での練習、相手と関わっての厳密な練習、の地道な繰り返しが自分の身体を自分の身体として操れることに繋がっていくのだ。要は、どれだけ自分の身体に注意を向けていられるか、自分の身体の変化に注意を向けられるか、その身体の変化、心理の変化に嘘をつかないかが、「身体定規」獲得の心構えなのだ。

3 全身連結拠点〝腹〟の感覚

3―1 「開発」しなければ「感性」は育たないことを知れ

「感性」が技術を研き、その技術が「感性」を研《みが》くという繰り返しの図式が、成長の過程を形成する。これは、自分自身の肉体的実感と精神的実感という、二つの実感が「感性」を研き、そして、その感性と具体的肉体技術の狭間を埋める「考える力」を、高めるからだ。

つまり、自分自身の技術的精神的（知性も含む）向上は、全て「実感」が握っており、「知識」が握っているのではない、ということだ。例えば、いくら「氷は冷たい」という知識を知っていても、「冷たい」という実感を味わっていなければ、実際の感じと知識とが一致しないから想像することもできない。したがって、実際に氷を触ったとしても「冷たい」という言葉と実感とをくっつける作業が行なわれていないので、それが氷だということも分からないということだ。

と書けば、「感性」を研くことが大切なことだろう、と想像できてくるだろうが、ここで問題になってくることがある。それは、「感性を研く」という時の「感性」は、生まれつき誰にでも備わっているものなのか？という問題だ。

つまり、人という種には「感性」が備わっており、それを自覚さえすれば自動的に、またそれに研きをかければ良い、という単純なものか？ということだ。答えだけを言えば、残念ながら「ノー」だ。

人には、感性になるべく遺伝子は備わっているが、それをまず「開発」しなければ「感性」としては育たない仕組みになっているのだ。

3―2 「感性」と問題点

そこで、まずこの「感性の開発」だが、これは、自分自身の問題意識と深く関わっている。つまり、自分自身の抱える問題や目的の深さや大きさが「感性」を誘導するからだ。これらを持たない人が、いくら「感性」を研ぎすますといっても、目的が明確ではないので、何をどれだけ研ぎすませば良いのかが決定されない。すると、結果として何の役にも立たないばかりか、混乱をまねくだけになる。

もちろん、ここで言う問題や目的とは、中学生並に「武道を学びたい」とか「奥義を身に付けたい」といった漠然としたものを指すのではない。それらは、どこかの暇な主婦がカルチャーセンターで時間をつぶしているのと同等の価値しかないので論外だ。

開発の具体は、自分の肉体に対する刺激を知覚に引き上げる、つまり、「刺激の知覚化」だ。全てはここから始まる。同じように、その刺激に対する「快・不快」の根源的な感覚、つまり、判断という頭での判別ではなく、直感的な本能レベルでの選り分けも学習しなければならない。

これは、無意識的な反射と関係することで、特に「感情」に対して直接作用するので明確な感覚定規を作る必要があるのだ。

しかし、この本能レベルのことは、日本人はかなり鈍くなっており、蘇らせるのが一苦労だということを知っておく必要があるだろう。

それを極論で言えば、武術に取り組む以前に生命体として、非常に過保護に育っているため本能レベルが弱くなっているのだ。本能レベルとは、「逃げるか戦うか」「敵か味方か」「食べられるか毒か」を見分ける能力で、動物の根源的本能ということだ。

だから、こういった「感性」という問題は、よほど本人の目的が明確であり、学習プログラムが整備されていないと開発できない。

さらに、その刺激の「質的な変化の察知」だ。つまり、刺激という圧力や圧迫、痛感、という刺激の種類の変化ではなく、同一刺激の中に現れる「人の意識の変化」だ。こういったことを総合的に鍛練していくことを「感性を研ぎすます」と日野武道研究所では呼んでいる。

これらの総体が、「聴勁」と呼ばれるものに育ったり、「先の先・後の先」といった武術の技術としての大前提、「相手との関係性そのもの」であり、関係性の技術としての意識のコントロールに繋がるのだ。

したがって、説明したように人間の本能に根差しているものが「感性」なので、決して、一人よがりの理論もどきや、駅前留学のノリの誰にでもできます形式では、こういった「人としての普遍的な技術を学べない（相手との関係性の中での）」ということだ。

ねじれの戻りを知る第一段階

座った状態で両脇を広げ、背筋を伸ばす。

両肩を結ぶ線を注意しながら、ねじっていく（腹部のねじれを知覚する）。ねじれきった時、その刺激を知覚し逆順にたどっていく（ねじれの戻り）。

ねじれの戻りを知る第二段階

両足を肩幅よりやや広めにし、背筋を伸ばして立つ。

両肩を結ぶ線を注意しながら、ゆっくりとねじっていく。
（腹部はゆるめておく。）

腹部を十分にゆるめれば、上半身はねじれる（腹部中央が動かないように注意する）。ねじれきった時の刺激が、腹部から胸部へと消えていくのを知覚する。
（ねじれの戻り）

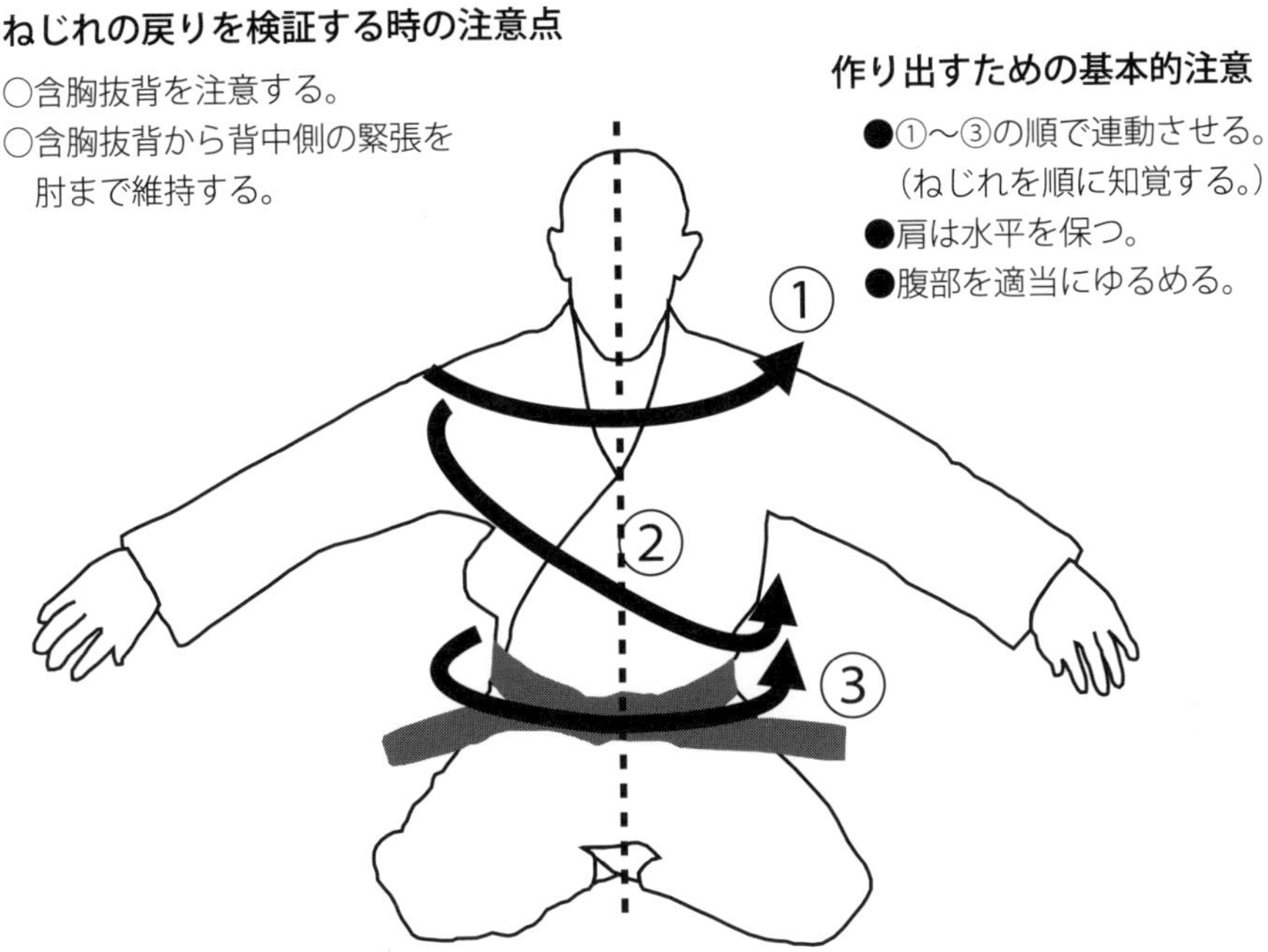

ねじれの戻りを検証する時の注意点
○含胸抜背を注意する。
○含胸抜背から背中側の緊張を
肘まで維持する。
作り出すための基本的注意
●①～③の順で連動させる。
（ねじれを順に知覚する。）
●肩は水平を保つ。
●腹部を適当にゆるめる。

つまり、武術にはならないということだ。

3—3 「ねじれの戻り」が力を出すことの実感

胸の縦割りや背中中央部の柔軟、更に両肩の連関といった、基本的運動を紹介してきたが、これらは「上半身上部の運動」と日野武道研究所では位置付けている。そして、これらの複合形式が「含胸抜背」から、腕全体のコントロール、肘、手首のコントロールとして武術に応用されるのだ。

上半身の運動の大きな括りとしての最後は、「腹部のねじれ」だ。腹部は上半身と下半身を繋ぐ非常に重要な部分であり、力を出したり、逃がしたりする要にも当たる部分だ。そして、体内に『軸』を感覚設定するための分かりやすく効果的な運動でもある。だから、刺激の知覚化がさらに重要なのだ。

このねじれの戻りは、すでに前項で説明しているが、この時の説明は今回の応用編のようなものだから、実際にそれを実行しようとしてもうまくいかなかったはずだ。

本当の練習は、ここで説明しているところから入る。

一番単純な腹部のねじれは、健康体操等で見かける腰を動かさずに、右肩と左肩を一本の棒のように連関させ、水平に動かすことで両腕は振られ、同時に上半身が腹部からねじれていくというものだ。

この単純な運動も、ねじれの知覚化ということ、そして『軸の体感化』ということの入り口としては非常に重要なものだ。

運動そのものの解説はする必要もないくらい単純なものだから、重要なポイントだけを説明する。しかし、当初は腹部そのものも動いてしまい、ねじれができる以前の問題が起こってしまうため、座って練習することをすすめる。その練習で、腹部のねじれの実感を持てるようになれば、両足を肩幅に開いた立った状態ですれば良い。

さて、この運動は、独立して運動できる機能がある両肩を、一本の棒のように連関させる、というところがポイントだ。つまり、上半身を縦割りにしたとき、左右が独立して動く機能があるが、それを独立的に使うのではなく意図的に連関させて使う、というところがポイントなのだ。

そして、その一本の棒のように連なった両肩の動きから、胸部から腹部へと、螺旋を描いて連動して動くことを知覚することだ。その連動によって、腹部にはねじれのエネルギーが貯えられる。そして、貯えられたエネルギーは、ねじれを逆回転させる。

その逆回転を力として利用することを、「ねじれの戻り」と呼んでいるのだ。

そして、具体的なもう一つのポイントは「腕を振らない」ということだ。つまり、足を肩幅よりやや広くし、膝を少し緩めて立った状態とした時、その状態から腕を振ることでねじれを作りだすのではない、ということだ。

あくまでも、両肩を連関させた線がリードしねじれを作りだすのだ。そしてそのリードは、両肩の緩み、肘関節の緩みを持たせた両腕を振るのであって、決して両腕を運動の意識ポイントとして使っているのではないのだ。

こういった、肉体運動操作の意識の転換を目的としたもの全体を「身体操法」と呼び、研究所に来られた方達には指導する。この運動意識の転換をきちんと行なえないということは、武術的な考え方や運動は行なえないからだ。

つまり、あくまでも「肉体の仕組みと運動の仕組み」から抽出された合理的な運動形式を身に付けなければ、腕力主導型、筋力主導型、思い込み主導型から脱することはできず、肉体としての正確な運動ができない。すると、結果として年令と共に故障の多い肉体を作っていることになるのだ。

膝からのねじれ

両足を肩幅よりやや広め、背筋は伸ばし、膝をゆるめておく。

右膝を若干ゆるめ、右足の方に体重を移動させながら、肩の水平に注意を払う。

右足全体に体重が移動し、骨盤が左回転に動く。

骨盤の回転が腹部に伝わり、上半身がねじれだす。

肩が完全に振られる。ねじれきった時、膝の刺激と体重の移動を注意しながら、肩から腹部にかけての刺激を知覚する。

3―4　下半身からの腹部のねじれ

今紹介したのは、両肩を結ぶ線を運動の起点として行なう、腹部のねじれだったがもう一つ起点がある。それは、「膝」だ。「膝の緩みと連関」を利用した、下半身の運動からの腹部のねじれだ。

具体的な運動としては、両足を肩幅よりやや広めに取り、先ほどと同じように両肩から腕を緩めて立つ。そして、右膝を緩めるとすれば、それに連れて右足全体に体重が移動する。続いて骨盤部が右に寄り、それに連れて骨盤左部が正面から直角の位置位に膝からねじれる。そのねじれをそのまま続けると、股関節から腹部を通り越し、胸部から肩部へとねじれが連動される。

すると、その連動により腕が振れるのだ。

つまり、膝を起点として上半身へと連動し腕が振れる、ということだ。

ここでのポイントは、「膝を曲げるのではなく緩める」ことだ。

ここで重ねて「曲げると緩めるの違い」を説明しておくと、膝を「曲げる」というのは、文字通り曲げるという、下半身全体の意図的運動になる。すると、下半身全体の筋肉は曲げるという運動を完成させるために無意識的に緊張で繋がる。つまり、緊張系での運動になるのだ。

そうなった時、ここで言うテーマとしての運動の起点にはならない。つまり、膝の緩みを起点とした運動が起こらないのだ。部分に対する意図的な運動、ここでは膝を「曲げる」ということを意図的にした場合、部分（膝）の単独の運動になってしまうということを、認識しておくことが重要なことだ。

以前、私のセミナーで、この「曲げると緩むの違い」はどこで判断するのか？と質問されたことがある。そこでも説明したことだが、肉体が連動する場合としない場合、で判断すれば良いのだ。つまり、連動できた時に、膝が緩んだのか曲げたのかが必然的に分かる、ということだ。

3―5　組み稽古での検証

それでは、例によって組み稽古で「ねじれの戻り」が力になるのかどうかを検証しよう。まず、最初に説明した側、肩を運動の起点として行なう腹部のねじれだ。

この検証は、運動をはじめた最初の座り姿勢ではなく、立っ

ねじれの戻りの検証1

両足を肩幅よりやや広めに開き、上半身をねじれきった状態にする。この時、「含胸抜背」を作り、腕をブロックしておく。相手は左手首を両手でつかむ。

胸から腕にかけてのブロックを注意しながら、ねじれを戻していく。

つかまれている手首を気にすることなく、ねじれを戻す。

腕力だけでは生じ得ない大きな力が生まれ、相手は体ごともっていかれる。

注意すること

手首を強く握られた時、習慣として腕を引っ張ってしまう。そうするとねじれの戻り運動ではなく写真のような単純な引っ張り合いになるので、「含胸抜背」を作っておくことが最低絶対条件である。

た姿勢のもので行なう。

　最初にAは腹部がねじれ切った状態を作る。BがAの手首を握る。Aは握られている手に注意を持つのではなく、両肩の線を知覚する。それが知覚できれば、腹部の緊張感や、筋肉の伸びを知覚する。それらを知覚しながら、腹部の緊張を解くように元に戻せば良い。

　しかし、これを実行してみると分かることだが、これだけでは決してできないことが分かるだろう。実は、腕の使い方として「腕のどの部分を使うか」という問題もあるのだ。そこで、結論だけを言えば、「肘」を知覚すると同時に、含胸抜背で説明した胸部の縦割り状態が必要なのだ。

　それは、握られたところはどこでも良いのだが、腕そのものに「動かす」という気配を出さないためには、そして、相手に無意識的な反射運動としての「新たな力を加える」という運動を起こさせないためには、「腕の形が変わってはいけない」という条件がある。

　それを実現するために、つまり、日野武道研究所が言う「肉体のブロック（ここでは、上半身胸部と肩から肘に掛けてのブロック）」を作り出さなければ、腕は相手の力により変形する。その変形したところにまた新たな力を加える、すると、その新たな力に相手は無意識反射運動を起こす、という図式

ねじれの戻りの検証2

左足に体重を十分に乗せ、右方向にねじる。検証1同様の注意と膝の刺激に注意を向ける。

左足の刺激の軽減に注意しながら、腕のブロックにも注意を向け、上半身の動きに任せる。体重を右足に移動させながら、ねじれの戻りと肩の水平運動に注意する。

完全に右足に体重を移動させた時、ねじれも完全に戻っている。

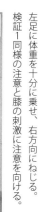

から解放されることはないのだ。

つまり、相手に無意識反射的運動を起こされれば、ねじれの戻りは何の役にも立たない、力を出す原動力にはならないのだ。

ここで、含胸抜背とねじれが複合されていることが分かるだろう。武術での「力」の側面は、こういった細かい肉体運動の複合体なのであって、何ら摩訶不思議なものではないし、逆に単純な肉体運動ではないということだ。日野武道研究所では、こういったいろいろな要素を複合させていき、力として発現させることを『系合力』と呼んでいる。

次の「膝」からの腹部のねじれの検証も、前と同じようにねじれ切った状態で、腕をつかむということで行なう。

まずはじめに、膝を緩め、ねじれが最後までいった状態を作る。その状態の時、相手はこちらの腕をしっかりとつかむ。次に「上半身のブロックを確認」し、右足の膝を屈伸させながら体重を右足に移動させる。それに連れて相手はバランスを少し崩していくが、この時にこちらはつかまれた当初の状態を動かしてはいけない（完全にブロック）。

体重が左足から右足に完全に移動した時、ねじれは戻っているということになる。

まず、この検証方法が完全にできるようになることを目指し、完成すると、運動は同じで、握られる手を変えたり、持ち方を変えたり、もたれる肉体の部位、例えば、肩を持たれたり、腰をもたれたりするようにいろいろと工夫をすれば良い。そのことが、自分自身の肉体の部位の知覚化と運動の正確さを追求することになるし、応用が効く肉体を作り上げることになるのだ。つまり、武術的肉体を完成させていくのだ。

第3章

力の生み出し方2～体重移動

1 連動と膝の緩み

2 体重移動を活かせる足遣い

3 バランスの崩しと真正面の向かい合い

1 連動と膝の緩み

本章では、前章で説明した「肉体の連動（体内距離）↓ねじれ」の、もう一つの経路から「力↓力の出し方」を説明する。

前章で少しふれた「体重の移動」が、実は「力を出す」の基本的な考え方のもう一方の柱である。突き、蹴り、投げ、斬る等、どれをとっても「力を発揮できた、または力が相手に作用した」ことの現れだ。それでは、前章の続きとして改めて問題を振り出しに戻せば、相手との関係の中で、効果的な空間距離があった場合、その空間距離をどうすれば有効に使えるのか？になる。

「纏絲勁（ねじれを使った体内距離）」は、主に「相手とくっついていたり、それに準じるくらい接近していた場合」に有効な力の出し方だ。今回説明する「連動・膝の緩み」は、そういった接近でも、具体的に相手と空間距離があった場合でも、どちらにでも有効な基本的な考え方である。つまり、距離がある中でも、突きや蹴り、投げる、斬る、の効果をより効率よく出すためのものだ。

一般的によく用いられる言葉に「体重が乗っている・パンチや蹴りが重い」がある。これらは、実感レベルで感じたことを表現したもので、具体的な取り組み方を表したものではない。しかし、これらの表現が「力とは」を、考える的確なヒントであることは間違いない。「体重が乗っている」とは、文字どおりパンチや蹴り、刀に体重が乗っていることであり、だからパンチや蹴りが重いし木刀なら受けたら倒れる、という受けた側の印象になる。

とすれば「力」とは文字通りの力ではなく、体重であり体重の移動を含んだ自分の肉体そのものであることが分かる。そこで、その自分の「肉体をいかにすれば、体重が乗っている、という現象を引き起こせるのか」、という本題になる。

1—1 体重の移動の条件「つまさきを少し上げ、きびすを強く踏むべし」とは？

「体重の移動」とは、文字どおりのことであり、当然自分自身の距離としての移動も含んでいる。自分自身の移動とは、歩く、走る、といった距離移動だ。しかし、ここで歩くといっても、それは一般的な歩くを指すのではなく、武術で言う歩くである。

つまり、相手との距離を縮めたり離れたり、といった武術本来の目的が第一義にある。そして、その歩くという移動が相手と関係した場合、常に「力を発揮」できなければいけない。別の角度から言えば、その武術的な「歩く」の延長に、入り身や捌く身がある、ということだ。

そこで、武術で言う「歩く」を考える上で一番具体的なヒントは、『五輪書』に記されている。その中には、使ってはいけない足として「飛び足、浮き足、踏みゆする足」となっている。

そして、「足のはこびやうの事、つまさきを少うけて、きびすをつよく踏むべし、足つかいは、ことによりて大小遅速はありとも、常にあゆむがごとし」と、ある。

『五輪書』をいろいろと解釈し、説明を加えてくれている本は多々あるが、なぜそうなのかの具体的説明がどの本にもないところがおもしろい。

さて、なぜ爪先を少しうかし、きびす（踵）をつよく踏まなければいけないのか?だ。この足の形の中に、その答が見える。

1―2　まず体重の移動をイメージ化する

その答を明らかにする前に「体重の移動」を、明確にイメージ化しよう。

まず「飛び足、浮き足、踏みゆする足」がなぜ駄目なのかを考えると、その動きをすれば「姿勢のブレ」が起こることが分かる。つまり、肉体の上下のブレ、左右のブレのことだ。上下・左右のブレの最大の欠点には、二つの要素がある。体重が力にならないことと、相手から見た時に、こちらの動きが分かり、相互の距離をきっちりと認識されてしまうことだ。

武術での距離を縮めるための絶対必要条件は、相手と自分との時間空間を、いかに相手に認識させないようにするか、である。そうでなければ、相手に準備の瞬間を作らせてしまう。といった武術の大前提を考えの基本においた時、上下・左右のブレは致命的になる

こういったことを考え合わせると「体重の移動の明確なイメージ」が見えてくる。つまり、肉体が上下・左右にブレず、相手に接近できる、そしてその動きが直接力として働かなければいけない、という条件を満たした動きだ。

この条件を満たした具体的な動きは、道路を走る自動車だ。自動車は当たり前のことだが道路の面と並行に走る。そして、その道路の面が平坦であればあるほど、上下のブレや左右のブレが少ない。それは、タイヤの直径が4本全て同じであり、当たり前のことだがタイヤは丸くできており、地面との摩擦係数をより少なくする。そこで、自動車が走ってくるのを真正面から見た時、ブレが少ない分、自分との距離感がつかみにくいことを実感できる。また、その自動車の車重が一トンとし、時速二十キロの超ノロノロでブロックの壁にぶつかっても、その壁にはダメージがある。この現象そのものが「体重の移動（車重の移動）」だ。こういった物理的現象を見れば、より明確に「体重の移動」をイメージとして捉えることができるだろう。

1―3　つまさきを少し上げ、きびすを強く踏むべし

その、自動車が平坦な道を走る、という中に「体重の移動」の肉体的な条件がほとんど揃っている。ただ、その物理的な物体の動きを、どうすれば生身の肉体で実現できるのか?が

問題なだけである。

そこで『五輪書』による「つまさきを少しうかし、きびすを強く踏むべし」である。

面白いことにこの足の形は、武術とは何の関係もないスポーツ競技で、見事に活用されているのを見ることができる。それは競歩だ。競歩は、歩く早さを競う競技である。だから、その原動力である足を合理的に使わなければいけない。そこで、先ほどの車のタイヤを想像してほしい。

タイヤは丸い、だから地面との接地面が少なく摩擦が少ない、結果、車が移動しやすい、ということになる。そこで「つまさきを少し上げる」ことで、足の裏全体をタイヤのように使うことが可能になる。競歩の選手は、実に合理的に足を使っている。ここで言う「足の裏をタイヤのように使う」ことで、速さをかせぎだしているのだ。

爪先を少し浮かし、足全体、つまり足の大きさが二十五センチであれば、その二十五センチという長さをタイヤのように充分に使うということである。そのためには、足首の形を固定しなければならない。そうすることで、踵から爪先まで順番に地面に降ろしていくことが可能になる。足首を固定していれば、当然膝関節がくっついてくるので、足首の角度に応じて膝関節を緩めなければ、肉体全体は前につんのめるこ

体重移動を的確に行なうための歩法

踵に体重がかかりつま先を上げる。足首の角度を残し、体重をゆっくりとつま先にかけていく。

足首の角度を残したまま、膝・股関節をゆるめていく。

前に体重がかかると、後足の踵が浮く。

後足膝が股関節のゆるみで前膝裏にくっつく。

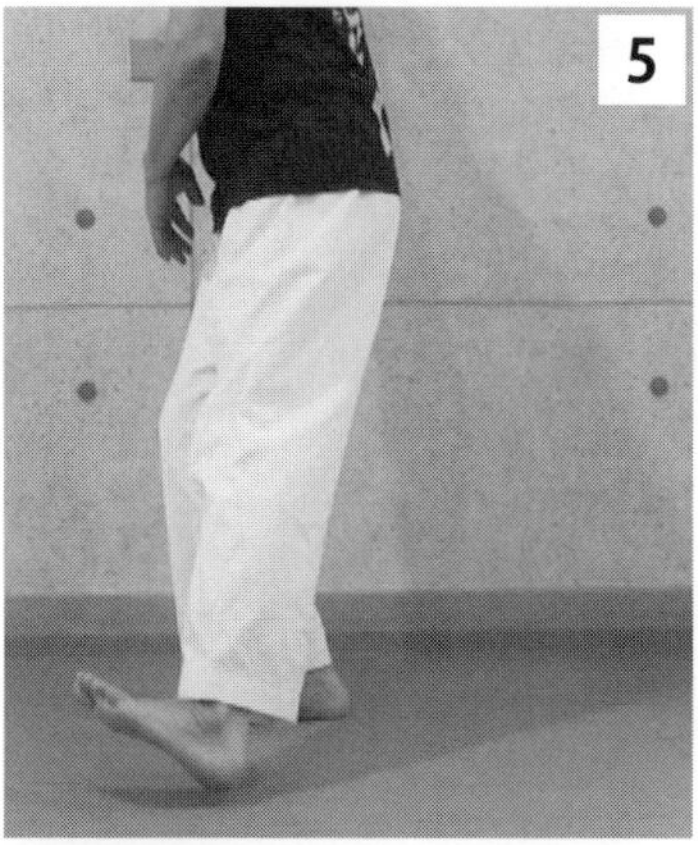

後足が前に振られ、踵が着く。

後足膝が伸び、体重が前に乗る。

とになる。また、膝関節の緩みは、股関節の緩みにも連関されるように使わなければ、ここで言う足全体を使うことはできない。

こういった膝関節や股関節、つまり下半身の関節をバネのように使うことが、肉体全体の上下のブレをなくすことに繋がるのだ。上下のブレがないことが、体重を力化する大きなポイントになることは、先ほどの車の例で分かるだろう。

さて、その次にある「きびすを強く踏むべし」だが、これは足首の形を固定化した時に、肉体の必然として現れることだ。まず、踵を地面に付けなければ、爪先を浮かすことはできない。その時、踵には自分の体重がかかってきているのだから、当然重く強く感じる。このように、たった一つのことを掘り下げていけば、その動作の全体像が浮かび上がってくるのだ。そこには、自分勝手な解釈など入りこむ余地のないことが分かる。

1―4　後足の重要性

体重の移動を的確に行なうための第一条件である、足の使い方は分かったと思う。その足の使い方をしたとき、大方の場合前につんのめりそうになる。それが、自分自身のアンバランスであり、移動するための原動力でもあるのだ。そのアンバランスになったとき、つまり、自分の体重が前足踵から爪先に移っていった時、そこが重要なポイントになる。

前足爪先に体重は移動していっているのだが、そうせずに、足の裏全体に体重を感じるように肉体を操作しなければいけない。そうすると、膝関節の上の太腿全体にかなりの負荷を感じることができる。それが、自分の体重であり、足の裏と太腿全体に自分の体重が乗っている、ということだ。

したがって、この足の裏と太腿全体に負荷を感じる瞬間に、例えば突きが相手に当たっていたり、刀がものに触れていたりすれば、体重が乗っている突きであり斬り付けになるのだ。つまり、相手の肉体の内部に浸透する威力のある突きや斬り付けになる、ということだ。

ところが、この解説をよく読んでいれば後足はどうするのか？ということに気が付いた読者もおられるだろう。その通りで、足は二本で役割を果たしている。

前足のきびすを強く感じ爪先を浮かした状態の時、後足はまったく逆の状態にある。つまり、後足は爪先を付けきびすは浮いた状態にあるのだ。その後足の、膝関節を緩め股関節を緩めた時、後足は前足膝に近付き、両足が並んだような状態を作る。

後足を前足に対して九十度の角度をつけておくと、つっかえ棒の役目を果たし、反力にも崩れない体勢となる。

前膝はもともと緩めて曲がった状態になっているのだから、後膝がくっついて来た時、両膝は曲がった状態になっている。次に、後から来た足のきびすを前に出し、先ほど前にあった足の膝を伸ばしていく。その膝が伸びる時に突きや刀が相手に向かうのだ。

そして、今出している前足太腿に全体重を感じた時、相手にこちらの攻撃が伝わった、ということになる。その時の後足は、前足に対して約九十度位の角度をつけておき、こちらの体重が移動し相手に衝突した時の、つっかえ棒の役目を果たす。

このつっかえ棒が曲がっている時、もしくは緩んでいる時、相手の肉体と衝突した時の反力が自分の身体や刀に返ってくるので、自分の体勢が崩れてしまうことになる。つまり、自分の突きや蹴りの効果は半減されてしまう、という結果になってしまうのだ。

私の研究所にこられる、空手やフルコンタクト系、また剣道をやっている方に共通している点は、この後足の緩みである。後足が緩んでいるので、せっかくの自分の力が相手に跳ね返されて、効果が半減しているのだ。また、後足の踵が浮いている場合も、同じように相手からの反力を吸収してしまうので効果は半減する。

だから、後足は、相手に対するこちらの力を減少させない、跳ね返されないために非常に重要な役目を担っている、ということである。

1―5　両足のスタンスが鍵

この後足は、つっかえ棒であると同時に、自分の体重の反力を使う役目も担っている。

つまり、後足の膝の緩みが緊張する時、膝が伸び切る時に自分の体重を前に移動させ、力を発生させるのだ。

だから、この後足と前足の距離、いわゆるスタンスが非常に重要になってくる。もしもスタンスが広すぎると二つの欠点が表れる。一つは地面との摩擦係数が減り、後ろに滑ってしまうという現象が起こる。滑るということは、せっかくの自分の体重の移動が力となって相手に伝わったのに、その力が滑ることにより自分の後に逃げてしまうのだ。

もう一つは、後足で突っ張れた場合前足が浮いてしまうことがあるのだ。その時には、後足で相手の身体にバランスしてしまう、つまり、後足を基本として相手を押している状態になってしまう。そうすると、力は相手とバランスすることでゼロになってしまう、という結果になるのだ。

こういった、体重の移動での力の発生は、「体重が乗る」ということで私の研究では、いつも取り上げる故塩田宗家の演武が非常に分かりやすい。片手胸つかみにしろ、片手両手取りにしろ、相手に直接触れているだけに、自分の欠点が分かりやすいし、うまく身体を使えた時の結果が分かりやすいのだ。

両手胸つかみ等は、その典型的な例で、両手で胸をつかんで押してくる、その力を後足で止めるつもりで押し返せば前足が浮き上がってしまい、自分の体重を相手に乗せるどころか自滅してしまう。ところが、きっちりと後足をつっかえ棒にし前足裏全体、膝や太股全体に負荷を感じるようにすると、相手は崩れてしまうのだ。

つまり、こちらの体重が相手の手を通して伝わった、こちらの体重が相手に乗った、という状態である。

1―6　足の使い方が応用へとつながる

普通「発勁」といえば、突きの爆発的な力だけ、と思っている方が多いと思うが、それらは武術で言えば枝葉末節であって、その身体の使い方、つまり「自分の肉体、自分の体重をどう移動させるのか」にこそ本質がある。そして、いかスタンスが広すぎることと後足が曲がっていることで、自分の〝力〟が押し返される。

スタンスを狭く、後足をつっかえ棒として使えば自分の体重は相手に伝わる。

胸を両手でつかまれる。スタンスは狭く、後足はつっかえ棒の役を果たす。

そのままこちらの体重をかければ相手は崩れる。

スタンスが広く、後足がつっかえ棒の役を果たせなければ相手に押し込まれる。

にして合理的に相手に「体重を伝えられるのか」である。だからこそ、応用が利きいろいろな局面で力を発揮できるのだ。

この章で説明している足の使い方は、移動のための器官である下半身をどう使えば合理的に全体重（自分の体重の主要部分である上半身を含む）が移動し「力」になるかである。だから、足そのものに一定条件を与え、そのことにより膝関節や股関節をうまく連関させることがポイントとなるということだ。

ここで紹介したのは足の使い方だけであるが、いろいろな武術に取り組んでいる方は、この足の使い方を参考にして練習したり、いろいろな先生を観察してみてほしい。伝統武術の著名な先生方は、この足を使っているはずである。

2 体重移動を活かせる足遣い

2—1 人間の行動の中で、すり足行動は世界中のどこを探してもない

本項では一般的に間違って捉えられている「すり足・運足（位置の移動）・スタンス」から下半身の使い方を説明しよう。

私どもの研究所を訪ねてこられる方達の中には、柔道をやっておられる方もいる。また、合気道や柔術といった、「組み技系」とでも分類できる方達も約半数はおられる。そういった人達や、「打撃系」の中でも一部の空手の人達に共通している「運足」の一つに、「すり足」がある。

思い出して見れば、私自身が学校の体育の授業の時に習った柔道でも、先生がさかんに「すり足」ということを注意していたし、空手をやっていた時も「三戦」の形などは「すり足」であったことを思い出す。それでは、その「すり足」にはどういった効用があるのか？となれば、はなはだ疑問だ。

人類が地球上に現れて以来、世界のどの民族を探しても地面を歩く時、足をすって歩いた、ということなどあるはずもない。山道を歩く時、また登る時、足をすって歩けるだろうか？　行者達は山道を足をすって歩いていたのか？　敵と遭遇した時、獣と遭遇した時、足をすっていて自分の動作が間に合うのか。

今でも狩りを主な仕事として生活をしているアフリカの一部の国の人達も、地面を足をすって獲物に近づいているのか、等など、単純な疑問を上げていっても、地面を歩く時、足をすってという非機能的な運足があるはずもないことは想像できる。まして、常に生命を対象としている武術で、「すり足」という不合理な術を生み出したとは考えられない。まず、何よりも相手に音が聞こえてしまうだろう。いろいろな理屈を抜きにして、単純にこれだけですり足はないと言えるのだ。

なぜ、こんな例を挙げているかといえば、武術での生命のやりとりは、道場で行なわれたこともあっただろうが、圧倒的に屋外の方が多かっただろうし、しかも屋外の条件は現代のように舗装された石ころ一つ落ちていない条件の中ではな

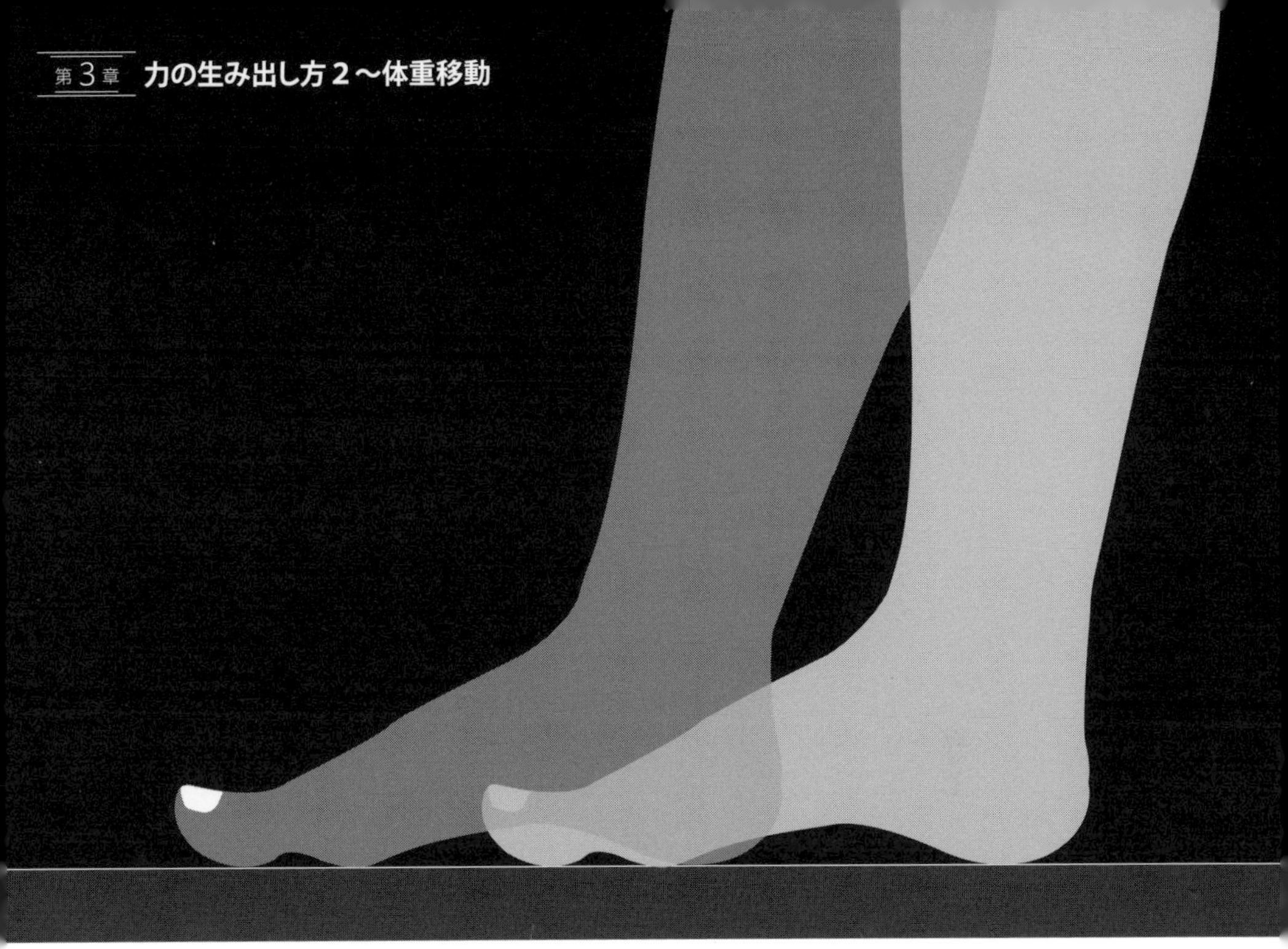

い、という大前提があるからだ。そういった環境の中で考えられた合理的な形の中に、非合理的な「すり足」などあるはずもない。

では、なぜ「すり足」なる言葉と、実際に床や地面をすって歩くという足運びがあるのか?だ。柔道（柔道は武術ではないが）だけに的を絞って言うと、神技といわれた三船十段でさえ、足をすっている、という現象はビデオを探してもない。ということは、三船十段の頃にはなかった、ということになる。

これは、私の推理になるのだが、三船十段や養神館故塩田宗家をはじめとする、現代の達人達に習っていた方達が、その達人の動くさまを見て、つまり、足をバタつかせない運足が、まるで畳や床をすって歩いているように見えたのを、単に錯覚しただけである、と考えられる。

また、達人の方といえど、「教える」ということに関して、達人であったのかどうかはまったく別の問題なので、達人の方の足の裏の実感がその「すり足」という、あやまった言葉を生んだのかもしれない。

2―2　すり足の意味とは

そこで、多くの達人の方が技を仕掛けたり、相手に近付いたりする時になぜ「すり足」に見えるのか?を分析すれば、達人たちは足を動かしているのではなく、身体全体が動き、そして膝を緩めているからに他ならないということが見える。もう少し、細かく言えば、胸骨から相手に向かって動き出し、股関節と膝関節を緩めることで、膝から下は腰に付いてくる、ということだ。

この動作は、日野武道研究所が言うところの、「継足（体重の入れ替えを伴った位置の移動）」の時の膝の使い方だ。股関節と膝関節の緩みの必要性は、「運足の構造上、もっとも重要な要素の体重の移動が常に付きまとっているから」である。もしも、膝関節を緩めることなく意図的に足先を出していったとしたら、腰を含んだ身体全体が上下のブレを起こしてしまう。

そうすると、体重の移動そのものを自分自身の〝力〟として使うことができなくなってしまうのだ。また、ブレや後足の蹴りを伴った動きには、常に重要事項として言っている気配（動く意志）が見えてしまう、という武術にとっての致命的な欠陥も付きまとっているからだ。

こういった理由から、膝を緩め、股関節を緩めるということが、運足にとって大事なポイントであることが分かることと思う。

この膝の緩みを利用した運足を、こういった仕組みによって動いていることを知らない人が見れば、いわゆる「すり足」に見えるのであり、また、膝の緩みを利用して動いている方自身が無意識的であるために、実感としての足の裏だけを捉えて「すり足」としている場合があるのだ。

2―3　運足の実際

それでは、「すり足」に見える、運足の実際の一例を説明しよう（158ページ参照）。

ここでは、右足を前に左足を後に立っているとする。まず、少し体重を前に移動し右足の膝を緩める、その時同時に後膝を緩める。これは、後足を前足の膝近くに寄せるためであり、そのためには股関節を緩めておく必要がある。後膝が前膝に寄った時、後足の足首まで緩めると、ちょうど足の裏が上に向いたような状態になる。

この時、全体重は前足に乗った状態なので（片足で立っている）、後足は自由に動かせることを確認する。次に、後足を前に出すのだが絶対に足を出してはいけない。つまり、この時点では前に出す足には体重が乗らないことが条件なのだ。もしも、この時点で前に出す足に体重が乗ってしまえば、後足から前足への体重の移動幅が少なくなり、移動そのものの力化効率が落ちてしまうし、体重のブレが気配となって、相手に伝わってしまう。

それではどうすれば良いのかと言えば、前に出す足はピンと伸ばし前方に踵を着けるだけで良い。そうすることで、体重の位置は動かない（片足立ちのまま）。その前足の出す方向は、先ほどの位置の直線上だ。そこに踵をおき、置いた脚の膝を緩め腰の高さが変わらないように、ここで初めて体重を移動すれば左足が前で、右足が後の状態になっている。

その運動を続けて行なえば、後足膝が緩んだ状態で前に出ていくため、床をすっているような見た目に「すり足」になっている滑らかな体重移動であり、位置の移動、つまり「運足」の基本的な動作のでき上がりだ。

この練習は、あらゆる「運足」の基本的な膝の使い方であり、位置の移動そのものが体重の移動になっているので、武術にとっては重要な基本練習の一つである。しかし、この練習でも、身体の軸をはじめ内感覚としての連動、腰の水平移動など、「身体定規」がしっかりとしていなくてはならない。だから、練習のはじめは、足の膝の緩みに注意をするだけで良いが、それが滑らかにできるようになれば、「身体定規」の一つ一つに注意を向け完成させていくことになる。

2―4 運足によってスタンスが決まる

この「運足」をしてみれば分かることなのだが、スタンスは自分が思っているよりも、かなり狭いことに気が付くだろう。そして、そのスタンスは軸足となる前足の膝の緩みも関わっていることが分かるだろう。

つまり、膝を伸ばしたままだと後足を前に出す時には体重がブレてしまうし、前に出す足にも体重が乗ってしまうのだ。さらに最悪なことには、〝ドッコイショ〟と体重を動かさないと、後足が前には出ないのだ。

こういった身体に対する一つ一つの積み上げが、武術的な身体を作りだしていくのである。つまり、運足だけがどうの、スタンスだけをどうの、ということでは身体運動を何一つ完成させることはできないし、考えること自体がおかしいということなのだ。

一般的に言えば、部分の良いとこ取りは決してできないし、

運足の基本

体重を少し前方に傾け、右膝をゆるめて立つ。

後膝をゆるめると前膝に近づく。（この時体重は 100 パーセント右足にかかる）

後足踵を前方に出す。
（身体が動いてはいけない。）

出した足に体重を移す。
（両膝の連関がポイント）

した所で運動として不自然になるので、極端に言えば力が出ないし、身体の故障を引き起こすだけだ。

さて、スタンスは運足と関係することは分かったことと思うが、その考え方にそって「スタンス」を少し解説すると、自分自身に一番適した「スタンス」の決定は、自分の軸膝を緩めて、もう片方の足を伸ばし踵を着けたところ、ということになる。その「スタンス」で体重が両足に均等に乗っていれば第一段階はクリアしたことになる。

よく見かける姿勢で、どちらかの足に体重が乗っていたり、極端にスタンスが広い場合がある。もちろん、ケースバイケースで、何が良くて何が悪い、ということは一概に言えないのだが、まず、どちらかの足に体重が乗りすぎている場合は、自分の動きを制限されてしまう危険性を含んでいる。そして、スタンスを広く取りすぎている場合は、動き出しが不自然にならざるを得ない、つまり、後足で極端に床を蹴らなければ動けない、という状態だ。

しかし、こういったスタンスは、格闘スポーツに多く見られるだけで、武術関係の方には見られない。今、ここで問題にしているのは、武術においてどうなのか、ということであって、ルールがあり攻撃そのものが決まっている格闘スポーツを対象にしているのではないので誤解のないように。

もちろん、武術でも空手で言う四股足立ちという、広いスタンスで腰を落とした立ち方はある。しかしこれは、身体を鍛えるためと考えた方が合理的だ。もちろん、その鍛えるという中には、腰からの動きや上半身からの動き等も含まれているのだが。

2―5 運足そのものが浸透力のある蹴りになる

「運足」の大切さは、黒田鉄山師（無足の法）をはじめ、多くの武術家の方達が語っている。つまり、武術にとっては、位置の移動を含めて、移動そのものがすべて「技」と直結しており、〝力〟そのものでもあるからだ。

そして、そこに共通する一つの動きとして、移動の際腰が回転しない、腰がブレないという要素がある。これを実現するためには、膝と股関節を効率よく使う、ということしかない。

その使い方の一つが、ここで言う「膝を緩める」なのだ。話は運足から外れるが、この〝膝を緩める〟は、体重の下方移動という内容も含まれており、それは相手に対して体重をかけたり、そのことで倒す時には重要な要素だ。特に相手とくっついていたり、接近しすぎている時に必要な要素であ

〝運足〟から〝蹴り〟の練習

運足同様、体重を少し前方に傾けて立つ。

体重を完全に右足に乗せる。

股関節をゆるめると後足が前に出る。

その出た足を下ろす。

る。

さて、この膝を緩める運足はそのものとしても応用範囲は広い。その応用例から一つ紹介すると、体重の移動を含んだ蹴り、いわゆる、浸透力のある蹴りがある。

一般的に蹴りは突き同様に、押し込む蹴りが主流だ。だから足全体に力が入っている。もちろん、それも大事な蹴りではある。しかし、それでは相手は倒れても、身体内部にダメージはない。そして、もう一つ押し蹴りの欠点は、自分よりも相手が体重や体格に優っている時は、押すことでこちらが倒れる、つまり、跳ね返されるという危険性を含んでいるのだ。甲冑を着用していれば、なおさらのこと相手は重くなるので、跳ね返されるのがオチだ。

では、浸透力のある蹴りの場合はどうするのか?

まずは、この運足同様に膝を緩め、膝下や股関節をブラブラになるように訓練する必要がある。

蹴る側の足の膝を緩めることによって生み出されるスピードがあり、そのことで体重が足先まで伝導する（膝を含んだ腰から下の足先まで振られるから、足全体を鞭のように使え、足先が重りの役目をする）、という二つの要素が浸透力のある蹴りに発展するのだ。

そして、運足そのもので腰が一直線に相手に向かうため、蹴る足をスムーズに出せる機能を備えているのだ（蹴るための特別な準備が要らない）。

具体的に例を挙げると、左前蹴りとして、右足を前に左足を後に立ち、右膝を少し緩めながら体重を右足に乗せていく、左膝が右膝に近寄りながら前方に出る。このままだと運足と同じだが、この前方に出る時身体が完全に右側に向くように、極端に出すのだ。それが、姿勢としての基本になる。その時に、蹴る側の足の膝が緩んでいなければならない。

2—6　身体定規から考えれば

しかし、ここでの大きな問題は、膝はどうすれば緩むのか、であり、膝を曲げることと緩むことの違いを実感として持ち得るのか、という問題だ。ここでの「身体定規」は、もちろん「緩む・緩める」である。

そこで、膝を緩める、緩んだ、を実感するためのトレーニングが必要だ。

今説明している前蹴りを利用して行なうと、まず、左足を軸に右足を後に引いた状態を作る。最初は、右足を前に放り出すのだが、その時に左軸足を突っ張らずに、膝を緩めクッ

股関節・膝を緩めるトレーニング

少し後足が引けた状態で立つ。

運足の要領で股関節を緩め、
後足が前方に振られる。

股関節を緩めたまま、
重力に任せるように足を戻し……

はじめに戻る。これを繰り返す。
足が振り子のように振られることがポイントで、決して足を意識的に振ってはならない。

足が振られ、膝が緩んでいるかどうかの検証

体重を前に傾け、左足に体重を乗せる準備をする。

股関節の緩みとともに後足が前方に出てきた時、
両手で太腿を止める。

太腿を止めたことで、膝から下が振られる。
（決して意図的にやってはいけない）

ションの役目を果たすことを心がける。

右足が、軸足の付け根、つまり股関節を中心に振り子のように振れることが第一段階だ。股関節が緩んでくると、右足のみならず腰まで振れるようになる。その辺りが、緩んだか緩んでいないかの検証部分になる。

膝の緩みは、その右足が前に振れた時、太腿の辺りに手を出して止めれば膝から下が前に振れる。そして、膝や股関節の辺りに引っ張り感を感じられるようになれば、「緩む」がほとんどできている、ということだ。後は、その「緩む」を自分の目的に合わせてコントロールできるようにすれば良いのである。

この片足立ちでの、足振り練習はバランス感覚を鋭くさせる、という役目もあるので、根気よく挑戦すれば身体の全体バランスは必ず良くなっていく。

2―7　技術は原理にそってなければ獲得できない

私どもの研究所の人達にも、ここで書いているのと同じ言葉を説明する。しかし、ここに絶対に実現しない行動が潜んでいる。今取り上げているように、まず「身体定規」を内感覚として持っていない、という事実を忘れてしまって、いきなり、蹴りなら蹴りの説明を行動しようとするところだ。

その行動は、「身体定規」が身についていないので、当然今までの自分の習慣からきている自分の思い込みの行動になる。だから、その思い込みを増幅させるだけであって、精密な身体技術を獲得する方向には進まない、ということをまるで分かっていないのだ。

つまり、「合理的な身体運動」や「武術的身体」と言っても、それらはあくまでも平面的な「言葉（知識）」であって、立体構造（身体の動きとして）を伴っているものではない。その平面的な「言葉」をいくら頭に入れたところで、何一つ実現できることはない。

という当たり前の成功法則を分かっていないことが、大きくは自己実現できない原因でもあるのだ。

「言葉」は、その場で自分の耳から入ってくるが、身体そのもののプログラムは何一つ変わらない、つまり、自分の努力で変えていかなければ変わらない、ということを分かっていないのだ。インスタントには、何一つ本質的なものが変わるものではないのだ。

3 バランスの崩しと真正面の向かい合い

本項では、敵に対していつ動くか、その『動き出し』、そしてそのために必要なものは何かについて解説しよう。

武術とは、実質的に人と人との向かい合いであり、その向かい合う瞬間に『動き出し』がある。ほとんどがその一瞬で、生命のやりとりが決まってしまうのであるから……。

3—1 動き出しを知る

研究所を訪ねて来られる人達の多くは、自分の取り組んでいる武術や格闘技の疑問を解決するためである。例えば、どうすれば攻撃を捌けるのか？ どうすれば見きれるのか？ どうすれば間合いを詰めることができるのか？ 型や約束組手ではいろいろなことを習うが、自由組手では使えないのはなぜか？……等々だ。

それらに対する答えは、論理的にまた、要素別にお答えするのだが、残念ながらその答えは当人達にとっては使い物にならないものだ。

それは、一つに私どもが言う「身体能力が養われていない」こと、一つに武術での「根本的に重要なこと」を認識していないことが原因だ。身体能力が養われていないというのは、敏捷性や反射性に劣るということではなく、自分の身体をコントロールする能力のことである。つまりは、自分の身体や運動を客観的に把握していないということだ。

根本的に重要なことは、武術としての入口はどこなのかを知らないことだ。つまり、約束組手にしろ、自由組手にしろ、とにかく相互に向かい合って行なう実際的な稽古の時、いつ始まって、いつ動き出せば良いのか、という『動き出し』を知らなさ過ぎるのだ。

それは、知らないというよりも、むしろ「気付いていない」という、武術の攻防に対する、想像力の欠如だと言った方が適切だろう。

なぜなら、武術とは、実質的に人と人との向かい合いであり、その向かい合った瞬間に『動き出し』があるものだからだ。手前勝手に動き出したり、攻め込んだりしていけるよう

なものではない。それが武術だ。

3―2　武術は相互の向かい合い

もちろん、現代という時代の中で、本当に生命のやり取りをすることは犯罪行為であるが、「相互に真正面から向かい合う」という、武術にとって一番大事な要素は、現代という時代にこそ必要なことである。極論を言えば、それ以外の稽古は必要ではない、とまで言えるほどのものであり、「真正面の向かい合い」こそが、現代においての武術の存在意味だからである。

しかし、一般的にいって、現在ではそこの最重要要素を省き、あるいは抜き、いきなり〝技〟というものがあるという考え方や指導法が蔓延している。そのことが、伝統武術そのものの持つ構造や財産を失わさせているのだ。

〝技〟とは、人と人が相互に絡んで成立するものである。故に、「入口」が必ずある。それらを無視して、その〝技〟ができるための手練手管の練習など、おおよそ武術の練習ではないのだ。したがって、〝技〟をいくら稽古しても、それだけが独立したものになり、自由稽古や組手には使えないという矛盾が起こってしまうのである。

正面で向かい合う。目は睨みつけない。

3—3　向い合ってみよう

誰かと真正面から向かい合ってみよう。ただし、睨みつけては駄目だ。睨みつけるということは、自分の意志を働かせていたり、想いの中に入っている状態でもある。したがって、自分のレーダー機能が送信だけになり、受信機能がカットされてしまうのだ。そうすると、相手を察知するという、本来の目的が果たせなくなる。

本当に目を逸らせずに見つめ合うことができるだろうか。目を合わせるというのは、人間にとってある種の恐怖を抱くものなのだ。だから、相手の目を見るのは苦手だ、というのは、機能から言えばあながち間違いではないのだ。

一秒や二秒くらいはできるだろうが、二分三分、もしくは一時間と向かい合えるだろうか。まして、相手と対峙した状況でである。まず「意識」をどこに置くのか分からなくなるだろう。身体そのものが揺れて来るだろう。次第に瞬きをしたくなるだろう。息が止まって苦しくなるだろう。

それが「心の揺れ」であり、「雑念に捕まっている」状態だ。いかに、相互に集中力が足りないかを実感できるはずだ。それが自分自身である。そして、どうすれば集中できるのかは分からないだろう。それが、間違いなく自分自身そのものなのだ。

いくらできない理由を正当化しようとも、できないことが事実であり、それが自分自身なのだ。

その集中力のない自分が、その自分を省いて〝技〟という、遥か彼方にある「総合的な人間力」にチャレンジすることなどあり得ないのだ。

それでも自分は〝技〟の何がしかができていると言うのなら、それはその〝技〟を残してくれた、また、生命を賭けて編み出してくれた、武道史の先人達に対する冒涜である。〝技〟とは、芝居や映画の殺陣ではない。型は盆踊りの振り付けではないのだ。

ここで言う「向かい合い」が訓練されてくると、そこに初めて「動き出す瞬間」が実感できるのだ。つまり、「動き出す瞬間」は、自分の判断で作られるものではないのである。自分の判断は、先ほどの「向かい合い」をした時、揺れてしまった程度の、雑念だらけで練られていない自分なのだから。

3―4 「動き出し」の具体的身体運動とは

さて、そういった前提を持つ自分自身が、「向かい合い」の中で「動き出す瞬間」をキャッチできるようになったとしても、具体的に自分の身体を動かす方法を知らなかったり、間違っていればどうにもならない。

間違った「動き出し」というのは、後足で蹴る、もしくは、予備動作を作った動き出しである。それらは、動き出しとしては一歩遅れの状態になる。相手がこちらへの攻撃準備が整っていて、相手がこちらに仕掛けた時、反射的に身体が動く。

もちろん、それ自体は間違っていないが、そこに「ヨーイ・ドン」という、予備動作を含んだ動きしかできないのであれば、一歩遅れになるということだ。「ヨーイ・ドン」は、陸上競技や水泳競技のように、あるいは、相手の攻撃からこちらの防御まで時間がある場合、野球やテニス等での概念なのだ。

それでは、どうするのか？　それは「自分自身のバランスを崩す」ことだ。そこで決まって来るのが姿勢である。バランスを崩しやすい姿勢をとっているかいないかが、このバランスを崩すことを動きのキッカケにする鍵になる。

全ての物事に共通することだが、安定から動きを作り出すには、労力が沢山かかる。自動車が信号で停車し、発進する

〝動き出し〟の検証

体重を両足裏の中央に置く。

前傾になり、背中～足の線を一直線にする。
ここからさらに前傾すると身体は前に動き出す。

足を少し出し、踵から転がるようにする。

その時に足を出しすぎると、
動きが止まってしまう。

時にガソリンを消費する量が多いのと同じだ。したがって、最初から不安定であれば、そもそもが動き出す姿勢なのだから、労力はほとんどかからないということだ。

そして、武術としては最も大事なのが、相手に気づかれずに動き出せることだ。そのために、不安定な姿勢から微妙にバランスを崩し動き出すのだ。そうすれば、相手に対して「今から動くぞ」という、動き出しを感じ取られ難いということ。つまり、こちらの動きの気配が相手に見えない、察知しづらいのだ。

もちろん、「ヨーイ・ドン」は、今から攻撃しますと相手に伝えているようなものだということでもある。

このバランスを崩すという稽古は、足を前後に、空手の前屈立ちのスタンスの狭い感じで行う。まず体重を前後の足裏中央に乗せるようにする。そして、骨盤から背骨を通り頭頂にかけて一本の棒に見立てる。そして、その棒を前傾にすれば、体重位置が微妙になるのを体感できるはずだ。

つまり、後足の伸び切ったラインと背中にある棒のラインを一本にしてしまうのだ。姿勢の見本としては、養神館合気道塩田宗家の姿が一番分かりやすく美しい。

気付いた読者もおられると思うが、この姿勢は先に紹介した「体重の伝導」の姿勢と同じである。なぜ同じなのかというと、それは武術とは、常に変化に富んだ不確定の状態や状況に、即応できなければいけない。という前提がある。したがって、このためにはこの姿勢、このためには別の姿勢を、といったような、いわば対処的姿勢であれば、変化に対応できない。

何よりも、相手のスタイルを自分が知らないとすれば、そして、自分の知る対処法以外のことが起これば、たちまち不利な状態に追い込まれてしまうのは自明の理である。もちろん、自分がこれからやろうとしていることを、相手にバラしているということも含まれるのだ。そういった意味でも姿勢が大事なのである。

このような視点から考えれば、全ての要素を満たせる「姿勢」として、この形なのだ。武術に見られるいろいろな姿勢は、足腰の鍛錬、身体運動のための鍛錬だということを、まず認識しておくことが大事である。そういった、様々な鍛錬の後、ここで言う変わらない姿勢に辿り着くのである。

そして、この前傾姿勢では、前足裏や前足の膝・太腿に負荷がかかっていることを実感できるだろう。その実感は以前説明した「体重が乗っている」という状態だ。

この姿勢から、もう少し前傾すると、前脚で体重を支えきれなくなり、前につんのめりそうになる。それが「動き出し」

である。つまり、自分の「バランスを崩す」ことが、動き出す具体的身体運動なのである。

3―5　スポーツの世界でのバランスの崩し

この「動き出し」のポイントは、前膝をいかに緩められるか、ということにかかっている。

前項で説明したように、この前膝の緩みは「運足」にも関わるし、「蹴りや突き、そして刀の斬撃」にも関わってくる。そのいずれの場合にも、前膝を緩めるところでの「体重の前移動」があり、「バランスの崩し」という共通要素があるのだ。

バランスを崩すことによって動き出しているのは、武術に限ったものではない。バレーボールで世界の一流選手を見ていると、レシーブの形をとっている時、両足つま先部分に体重を限界まで乗せ、ほんの微妙な刺激で動き出せるようにしている。つまり、ここで言うバランスの崩しで動いているということだ。

野球のイチロー選手は、後足に体重を乗せバランスをとり、ボールをミートするタイミングをバランスの崩しでとっている。

なぜスポーツの中に、この崩しが使われているのか。それはバレーボールで言えば、どこにボールが飛んで来るか分からないという条件がある。もしも、事前にここに飛んで来るだろうと構えていて、読みが当たれば良いが外れた場合は、身動きが取れない状態になる。

つまり、どちらかの足を蹴って動き出すとすれば、まず、どこに飛んで来るのかを決定していなければならない。そして体重をどちらの足に乗せるかも、決定していなければならないということだ。

だから一般的に守備側は、身体を左右に振ったりしてタイミングを図っているが、結局のところ、動き出す瞬間はどちらかに決定しなければいけないので、読みが外れた場合、身動きの取れない状態になっている場面を見かけるだろう。

このことを、高校バレーの監督さんを指導し、練習試合ながら全日本のベスト3に入る学校に勝ったことがある。

同じように、テニスでもレシーブする側が完全に見送ってしまっているサーブもある。もちろん、スピードもあるが読みが外れたら身動きが取れないのだ。また、サッカーのPK戦の時に、ゴールキーパーが動けない時も、こういった相手を読む→地面を蹴る、といった要素での間違いである。

しかし、世界の一流選手を見た時、動き出しはバランスの崩しでやっているので、一見難なくレシーブをしているように見えてしまうのだ。

3—6　膝を硬く使えばリスクも増える

一般的に言って、スポーツに取り組んでいる人達より、武術や格闘技に取り組んでいる人たちの膝は硬い。それは、文字通りの意味ではなく、膝の使い方が硬いということである。

この膝の硬さは、倒されたくない・転びたくないという反射である。その意味では、本能に属するものだから正常な反射だ。しかし、本能に属するものに輪を掛けるのが、投げられたり、転ばされたら負けというルール制が刷り込まれ、クセ化されたものだ。足を突っ張って倒れないようにする、という状態だ。もちろん、たとえそれが負けではなくても、不利になるという考え方からのものでもある。

ルール制というのはスポーツのことだから、ある意味仕方がないとしても、それこそ変化に富んだ、そしてルールがない武術でも膝が硬いというのは、どういうことだろうか。

それは、自意識と密接な関係があるのだ。自意識はその成長や発達と共に、物事に対する視野が広がったり深くなっていくものだ。つまり、物事を柔軟に捉えることができるようになっていくということだ。身体の動きは、それに連れて柔らかくなるのだ。その意味では、柔らかい練習をいくら積んでも、頭が柔軟でなければ全身として柔らかくは使えないのである。

つまり、自意識の成長が止まっていたり、発達させていなければ、独りよがりで強情だ。したがって、柔軟な捉え方とはほど遠いレベルにある。当然、身体も「柔らかく」は使えない。

そうなると、武術にとっては致命的である。武術が求めるものは、どんな変化や状況にも対応できるということなのだ。そして単純に、自分よりも体格の良い、体重の重い人、筋力の勝る人には、それよりも劣る身体であれば通用しない、という実際をクリアできないからだ。もちろん、そのことは型稽古や約束組手だけをやっている限り、気づくことは少ない。よほど高級な稽古をやっていれば話は別だが。一度試しに、「力を入れない」という稽古をしてみれば、力む自分に気づくことができるのだが。

実は、入り口はこの「力を抜く」しかないのだ。力を抜くと、自分の力みを実感することができる。力みの部位も体感できるのだ。だから稽古とは、そういった自分に気付くこと、そしてその自分を修正していくこと、成長させていくことだということになるのだ。決して、多彩な〝技〟を獲得することが第一の目的ではないということである。

なぜ膝を硬く使うのが駄目なのかは、建物で考えてみればよく分かる。頑丈な継手や仕口（縦柱と横の梁との接続部分）を持った建物は、確かに倒れ難い。しかし、その強度以上の衝撃があれば倒れてしまうし、倒れた時のダメージは大きい。（阪神大震災やロスアンゼルスの大地震での被害だ）

頑丈な継手や基礎を持つ、という考え方を大きく捉えれば、大自然に対して真正面から対立し、自然を征服してしまう、という西洋的な考え方である。その反対に、大自然の力の凄さに逆らわず、頑丈な基礎を作らずに、建物の構造だけでその衝撃を吸収したり、逃したりする、というのが日本的な考え方だ。（奈良の興福寺の五重塔など、代表的な日本建築では基礎になる石の上に、建物が乗っているだけである。地盤を敢えて緩めるという工法もある。継手や仕口は基本的に木材であり遊びを設けているので、それが耐震性を高める。20ページ参照）

こういった文化が土壌としてあるということは、当時の人達はそのことが血肉化していると考えるのが合理的だ。もちろん、武芸者達も例外ではないだろう。その中の一握りの達人達が辿り着いた境地が〝技〟として現れているのだ。

つまり、当時の日本人の大自然に対する考え方そのものが、武術の達人の考え方と同じ所にあるものなのだ。自然の力を計算することはできないし、予測することもできない。だから、自然の力に逆らわない、あるいは、吸収する、あるいは逃がすという考え方、つまりそれは、身体の構造そのものなのである。

このあたりの考え方が、生命を護るというところでの武術、達人の〝技〟に通底しているのだ。

だから現代の一般的なスポーツ武術のように、勝つための技術とは根本的に異なるので、話のすれ違うところでもある。

膝を硬く使うというのは、倒されないという発想だが、逆にリスクは考える以上に大きいということだ。（変化に対応する動きが取れにくい）

3―7　バランスを崩す練習

身体のバランスが前に傾いた時、身体は前方に動き出す。前に動き出した時に、前に足を出せば自動的に前に進んでいく。しかし、この時の足は、以前に説明した「足の転び」を使わなければいけない。でないと、足を突っ張るという状態になるので、運動が止まってしまうからだ。もちろん、足のスタンスも同様で、広すぎると突っ張るのと同じなので、止

バランスを崩し動き出すトレーニング

足を肩幅に開き、体重は両足の中心に置く。

身体を少し右に傾ける。

耐えられなくなったら右膝をゆるめる。

スタンスを広く取りすぎて止まってしまわないよう注意し、足を転ばせて動いていく。

剣で〝動き出し〟の検証

剣の場合でも前傾姿勢で体重を前足に乗せ、膝のゆるみで動き出しを調節する。

体重が前に動いた時には、剣は抜けている。

まってしまう。しかし、このスタンスを狭くし足を転ばせるというのは、かなり難しい。

というのは、足を突っ張るというのは、倒れるのを防ぐという本能の働きだからだ。ここを足を突っ張らないで緩めるのだから、本能の働きを持ちながら動作を変えてしまうことだ。だから、その意味で相当訓練しなければできないのだ。

そこで、バランスを崩すために膝を緩めるトレーニングだが、まず肩幅に立ち、右に崩すとしよう。すると、右足膝を緩めなければならない。右膝を緩めていくと、これ以上は倒れるので我慢できないという点があるので、その点に達した時に右足を少し踏み出してみる。

その足の出し方が広ければ、そこで突っ張って止まってしまうことを体感できるはずだ。そして、左足は最初のポジションのまま残ってしまい、余計にスタンスが広くなり、非常に不安定な姿勢になる。だから右足は少ししか出してはいけないのだ。また、その右足は踵から出し、足首の角度をそのままの状態にしておく、つまり、「足の転び」ができる状態にするのである。

左足は、膝を緩めると股関節も共に緩む。その左足膝を右足膝にくっついてくるように誘導する。すると右足一本で立った状態になり、左足の自由性が獲得できる。つまり、その状態、その時点でも自由に任意の場所に移動することができるのだ。ということで、「運足」に繋がっていくのである。

もちろん、これは膝を緩める練習であり、自分のバランスを崩すための練習だから、この状態のままが武術の〝技〟なのではない。しかし、この感覚を身に付けなければ、永久に足を蹴って動き出したり、足を突っ張ることで相手の力と対立する、いわゆる力比べ我慢比べの身体運動、クセだけの身体運動だ。当然、そういった幼い考え方を成長させることはできないのだ。

自分のバランスを崩すこと、それが「動き出し」であり、「相手の力を利用する鍵」なのである。

第4章

脱・意識～〝先入観〟の向こう側

◇1 〝意識〟を超える

◇2 こころの妙

1 〝意識〟を超える

1―1 〝できない自分〟を知る

この章は「身体操法」ではなく、その大本である武術に取り組むための「自覚」そして「実現」についてふれる

ほとんどの人は、自分が取り組む何かを始める時、「できる」あるいは、「できたい」を目指す。あるいは、目標として設定する。これは当たり前のことだ。できたいと思うから、実現させたいと願うから、体現させたいと欲するから、何かに取り組むのが普通だからだ。もちろん、私も伊藤一刀斎や宮本武蔵を現代に蘇らせたいと思い、取り組んでいる。

ここでいう「できない自分」というのは、「できる・できたい」の反対語ではない。取り組むと決めてからの姿勢の話である。つまり、目的としての「できる・できたい」ではなく、それを実現するために取り組む一つ一つの具体的作業のことだ。ここを「これはできる」から入るのか、「これはできない」から入るのかの違いの話である。しかし、大方の人は、この一つ一つを、そういった判断、あるいは直感を持たずに、無自覚に入ってしまうのだ。

どうしてこういった基本中の基本が大事なのかというと、技術を修得するのか、技術に見合う自分に高めるのかの違いからである。また違う角度の極論で言うと、せっかく実現させようと思っていても、「できる」と思っている自分である限り、一つの失敗が挫折を生んだり、壁にぶつかり可能性がないと感じたりするものだ。

しかし、「できないから」と認識している自分であれば、失敗は当たり前だと理解できる。だから、どんな壁や問題が起こっても、めげることなく飽くなき探求ができ、当然実現に一歩近づけるということである。

私がこの「できないという姿勢」に気付いたのは16歳の頃だ。

私は10代の頃、喫茶バーテンを仕事にしていた。当時というのは、1962年から1964年…東京オリンピックの年だ。あの頃は、東京だけではなく大阪でも、あちこちでビル

の建設ラッシュだった。その新築ビルに喫茶店がオープンし、その店に見習いとして入ったのだ。

もちろん、喫茶バーテンなどしたこともないので、何もできないし仕事はどんなことかも分からない。見習いは洗い場から始まる。珈琲カップやグラス、パフェの容器等、下がって来たものを洗うだけだ。しかし、この当時はビルそのものが新しいので、人がどんどん流れて入って来る。狭い店だがコーヒー一杯が80円程の時代に、一日の売り上げが毎日100万円を下らなかった。

そんな店だから、洗い場は楽だと思うのは大間違いで、満席になり入れ代わり立ち代わりになった瞬間から、洗い場は地獄と化す。洗い出したら、夕方5時の退社まで、一歩も動けないのだ。本当にトイレすらいけない状態になる。ナイロンのエプロンをしているが、仕事が終わると全身濡れて、まるで雨の中を傘をささずに歩いて来たようになってしまうのだ。

その状態を見ていたチーフが、「日野ちゃん変わったるから見といでや」といって、洗い場に立ってくれた。見ていると段取りよく、スイスイと洗い物が流れていく。「分かった?」と聞かれ「はい」としか言いようがなかった。チーフは洗いながら、ウェイトレスが持ってくるダスターを洗い、他の人達にオーダーの指示を出す。それでも洗い物が溜まって仕方がない、という状態には決してならなかった。もちろん、衣服も濡れていない。

私は洗い場を無自覚に、「ただ洗う」ということをやっていただけだと気づかされた。当たり前のことだが「工夫をしなければ駄目だ」と教えられたのだ。つまり、たとえ洗い場という部署であり、作業であっても全体との取り合いから、作業そのものを考えなければいけない。チーフはただただ洗っているのではなく、そこに起こるいろいろなことに対処しつつ、という本分があり、洗うという作業があったということだ。

「コップ一つろくに洗えないのか」チーフ以外の人からは、そんな罵声をいつも浴びせられていた。その罵声に「何！こら！」と反応すると、コップを割ることもあった。本当に、コップ一つろくに洗えないのだ。だから、チーフが洗い場を変わってくれた時、「どうするのか」を観察したのだ。結果、「洗っているだけ」の自分に気付いたということだ。

もう一つ大事な一点がある。それは、「では、最初からチーフがやり方を教えればよいではないか」ということだが、教えないのには二つの理由があることに後になって気付く。私は子供で見習いなのだが、曲がりなりにも仕事をする人間、という公平な目、一つは、どんな単純な仕事でも、体験がなければ何を説明しても、理解ができないし実際のところで通用しないから、ということで、しばらく実際の仕事を体験してから教えてくれたのだと解釈する。

それは、現在の武道を教えること、そして取り組むための基本となっている。

もちろん、見習いだから何もできない。しかし、それは客観的判断であって、私自身は「何もできない」という自覚などないし、そんな言葉を持っていなかった。そこの入口が間違っていたと気付いたのだ。それから、いろいろな職業に就いたが、この「できない姿勢」が功を奏し、常に「できる」になっていくようになったのだ。もちろん、これが「技術に見合う自分に高めた」ということである。

現在私は、日本では大阪と東京で教室、そして、沖縄、福岡、岡山、京都、東京等でワークショップを定期的に行なっている。海外ではフランス、ベルギー、スペイン、オランダ、フィンランド、スウェーデン、スイス、イタリア、ドイツ他、ヨーロッパ各地で教えている。

こういったワークショップや教室に来られる方達は、自分の持つ何らかの問題や目的を、日野身体理論で解決、あるいは実現、あるいはヒントにできるのではないかと思っておられる。

それはスポーツだったり、ダンスや武術に関わる問題、それ以外には日常的な問題だ。という具合に、日野理論の間口は相当広いのだ。

もちろん、当方もその目的でワークショップや教室を開いている。しかし、問題解決以前の問題がある。

それは、「自分自身が正確な運動をしているのか、していないのか、を見極めるための客観的な視点や体感覚を持っているのか、という問題。もしも持っていないとすれば、どうして自分が指示された運動をできる、あるいは、できていると思えるのか」という問題があるのだ。

大方の人は、「見たらできる」となぜか無条件で思っている節がある。あるいは「思ったらできる」と思っている。この、「思っている」というのが曲者なのだ。もちろん、日常や仕事でやり慣れていることは、「見たらできる」し「思ったらできる」のは間違いない。しかし、知らないこと、初めてのことに取り組む時は、それは当てはまらないのだが、そういったことでも「思ったらできる」という回路が自動的に働くのだ。

大方の人の場合、頭の中にある「自分はこう動いている」をしていても、実際には思っている通りに動いていない。それは、頭の中の像が実際の動きではないからである。それが俗にいう「やっているつもりだけどできない」になるのだ。これは、自分のやっていること、自分が行動していることを知らないということにほかならない。つまり、自分自身に対して「俯瞰の目」を持っていないことが原因なのだ。

例えば、私は地面に対して垂直ということを体感するために「垂直な壁を背にし（壁にもたれる）、上下左右に動くことで、垂直ということを体感し感覚を作っていく」ということを日々行なっており、かれこれ30年以上にはなる。というのは、年令と共に姿勢が変化したり、その時期の稽古の種類によって姿勢が変わっていたりするから、気付いた時に姿勢を修正し、体感覚を修正するのだ。

つまり、そういった運動の正確さ、つまり、自分自身の身体の動きが、頭の中にある像と同じになるように、そして体感覚と同じになるように修正するのだ。でないと、自分がやろうとしている動きが、実際とは違ってくる。思っていることができないのだ。

また、例えば、自分が相手の攻撃を見切ったと思っても、見切りがズレていればそのまま斬られてしまっている、ということも起こる。もちろん、大きく避けたり捌いたりというのであれば、ある意味で、それほどの正確性は必要ではない。

現実的に相手の攻撃に対しカウンターを入れるには〝紙一重〟の見切りが不可欠。それを実現するには、相当の運動精度が必要になる。

しかし、小説ではないが紙一枚の見切りを実現したいとすれば、相当の正確性が必要だと想像できるだろう。

つまり、ここでいう運動の精度は、自分は何を目指しているのか、何を欲求しているのかによって決定されるということである。

というところから言えば、例えば道場で「突き」をするとする。その時に、突きの運動線であるとか、相手との距離や、正確に的を目掛けているのか、あるいは、運足や体重移動、そういった要素を稽古しているという自覚があるのか、ということへの注意の向け方が、その人の目指す方向だということなのだ。

したがって、そういった要素に注意が向かず、単純な反復運動に汗を流し、自分の持つ思いに集中し、組んだ相手の人がやりにくそうにしていることなど目に入らない、いわゆる「自分に熱中し、自分が何をしているのかを、知ろうともしていない人」は、私の言う武道には不向きだということである。

もちろん、それを楽しいと思える人は、それで良いのだ。

また「分かる・分からない」という思考のクセを持っている人も、高度な実体を作るのには不向きである。「分かる」というのは、自分自身の知識レベル・思考レベルと比例する。

つまり、自分自身が知っていること、考えられるレベルのものであれば、分かるということだ。そして、間違っているのは、自分自身が知らないこと、考えられないようなことであっても、自分自身の思考レベルで「分かった」となってしまうことだ。そのことが、自分自身の成長を遮るから間違いなのだ。何を言いたいのかというと、分かってもできないという、現実と頭の中の出来事を混同させてはいけないのである。

そして、この運動の精度は、自分自身の情動の働き、つまり、恐怖心や何かしらの気持ちの動きとも連関する。恐怖心が働けば、当たり前のことだが身体は萎縮し、紙一枚の見切りはできない。もちろん、情動は恐怖心に限らない。その逆の「相手を倒してやろう」という攻撃的なものも同じだ。そういった情動の働きは相手との距離感も身体の動きも、何もかもが狂ってしまうのだ。だから、ここをどう克服するのか、そこが武道にとっての一番の肝なのだ。

私は、道場は技術を磨く場であり、それを通して自分を知り、自分を磨く場だと考えている。

その意味において、知らないことに取り組む自分は、「自分はできない」というスタート地点を認識することが大事なのだ。そのスタートがあるから、「ではどうするか」という自分自身、それぞれの個人でそれぞれに見合った工夫が生まれるのであって、「自分はできる」と思っている以上、できない時に何ができていないのかが全く分からない、つまり、何ができていないのかを知ることができなければ、上達しないということになるのだ。

また、言われたことだけを、10年1日のごとく取り組むことで、何かが仕上がっていくのではないのである。

こういった勘違いが生まれる背景には、自分の見たもの、聞いたものと、あるいは、単純に自分のやろうと思ったことはできる、というような、自分自身と対象のものとの比較ができないということがある。それが例えば陸上競技のように、タイムが明確に分かるものであれば、自分と比較することはできるから、誰もがすぐにできるとは思わないだろう。

つまり、この例のように、明らかに分かるものしか分からないという、感性の鈍さがあるのだ。

例えば、オリンピック記録を出した選手に、「私もやりたいので、早く走る方法を教えてください」と頼みに行くだろうか。イチロー選手に野球をやったことがない人が「あなたのようになりたいから、野球を上手くやる方法を教えて下さい」というだろうか。子供達ならそういった選手に憧れて、野球をしたり水泳をし競技で記録が伸びるように練習に励む。

つまり、子供達は自動的に、あるいは素直に「できない」↓

「できるように練習」→「できるかもしれない」という図式を持つのだ。

しかし、大人になれば、この感覚が鈍化すると同時に、自分自身の実体を忘れているし、知識や社会体験が増えている。その意味で「すぐにできる」と思ってしまうのだ。すぐにできるとは思わないまでも、「いずれできるだろう」と無意識的に思ってしまうのだ。それが、自分と対象のものを比較できないということの典型である。

特に「武道」というジャンルでは、ここの感覚は皆無だ。それは、「武道」と一括りで捉えてしまうが、その中には様々なジャンルがあり、それぞれに異なるのだ。スポーツと武道とを混同させている人も多い。そういった人達にとっての「武道」は、概念であり実体を指すのではない。もちろん、だからといってそれが間違っているのではない。あくまでも個人の認識としては、全て正しいからだ。

だから、私はあえて「私の言う武道とは」とただし書きを付けているのである。

当たり前の事だが、武道は実際に現代に活きているものではない、という前提がある。時代背景や状況が現代にはあり得ないのだ。そして、更には取り組もうとしている型なり組型は、達人の考え方、先人の残した言葉が「できる」への手がかりなのだ。

逆に言うと、それしか「できる」への手がかりがないということである。

つまり、現代に生きる「私達」、そして達人というレベルを想像すらできない自分自身を、過程の中でそれらを知り、そして少しでも先人の残した言葉を体現化できるようにしていくように作り変える、ということが武道をする、稽古をするということの意味だからである。

「できない」という考え方は、自分自身をニュートラルにする。それが「できる」への最短の入り口なのだ。自分の持つ先入観や固定観念が、その最短の道を閉ざすのである。

1―2　結局のところ身体運動は無意識の現れである

面白い記事があった。赤ん坊が手足をバタバタすることしかできない状態から、寝返りを打つ。そしてハイハイをする。そのハイハイに個人差、個体の違いが恐ろしくたくさんある。それを極論をすれば、全ての赤ん坊のハイハイは異なる。という見解で、それは手本としてのハイハイがないからだと結論づけていた。

つまり、赤ん坊の周りでハイハイをしている手本がないから、個人の身体能力や欲求の強弱によってのみ動いている。だから、違いがあるということである。このことは、ミラー・ニューロンの働きを使っていないことを意味するのだ。これには、〃なるほど〃である。

※ミラー・ニューロンは、イタリア・パルマ大学のジャコーモ・リッツォラッティ（Giacomo Rizzolatti）らによって、1996年に発見されたものだ。比較的新しい脳の活動の発見である。単純には、模倣細胞とか共感現象として扱われている。

全ての動物は、周りから学ぶ事で動きを憶えていく。それは鳥であっても魚であっても、ということだ。成犬は、ほこりを被ったり、水がかかった時、胴震いをする。きれいに連動させほこりや水を払い落とす。しかし、それを知らない犬、つまり、子犬は上手くできない。親犬や周りの成犬を見ることで、だんだん上手になっていくのだ。鳥の鳴き声もしかり。鶯が美しい声で鳴くのも、手本があり見よう見まねの訓練のたまものなのだ。つまり、人に具わるミラー・ニューロンと同じような働きをする何かを、動物は具えているということだ。

何を言いたいのかと言うと、人を含む動物全ての動きは、動きが先にあるのではなく、意識なり欲求なり、必然が先にあるということだ。そして、その働きにより、人に具わるミラー・ニューロンの働きをフルに使えるのだ。だから、そのことにより、習う、あるいは、教えてもらうまでもなく、日常生活ができるようになるのである。

もちろん、日本の伝統芸能など芸事、あるいは、職人さん達にある制度、それらは看取り稽古として、そして見習いということで、今も受け継がれている。

どんなジャンルであれ、身体運動を考える時、あるいは取り組む時、こういった動物としての仕組みや、人としての仕組みを前提としていなければ、それこそ効率よく獲得することはできない。

つまり、全ての身体運動は、目的に対する意識や欲求、そして必然が左右するということである。そしてそれは、どんな手本を選ぶのかに掛かって来て、好むと好まざるとに関わらず自分自身の未来の姿が決定されるのだ。故に、意識や欲求の高さ、必然がどれだけ自分自身と密接なのかが重要か、ということになるのだ。

そして、前項で紹介している「できない自分を知る」という、自分が取り組もうとする対象のものに対する謙虚な姿勢が大事なのである。

2 こころの妙

2―1 武道は身体運動を媒介とした こころの鍛錬である

武術を一つの側面から見ると、確かに身体運動である。身体を動かすことで、「技」となるからだ。もちろん、ここには相手との関係性の中で、というただし書きが付く。実は、このただし書きは、当たり前過ぎて、大方の人はここを稽古の最重要事項だとは考えてはいない。大方は、刀を早く抜いたり、色々な方向への刀の捌き方、あるいは姿勢、あるいは構え、突き方、投げ方等に意識が向いている。

もちろん、それらは大事なことではある。それは、それらを実現することが、身体運動として合理的であるのか否かを検証できるからである。その意味で、重要なことなのだ。

しかし私は、この関係性を最重要事項として「対人身体操法」と名付けている。

この「対人身体操法」の基本は、人と人は必ず反応関係、反射関係を持っている、というところからの発想である。

40年近く前、大阪で初めて道場を開いた。その時の稽古は相当荒っぽいものだった。急所しか攻めないということで稽古をしていた。もちろん、男性・女性の区別なくである。そうすると、男性と女性が組んだ場合、非力な女性は怖いという情動が働き、身体を強張らせる。その状態で、男性が攻める気配をみせると、女性はピクッという攣縮《れんしゅく》という筋肉反射を起こすことに気付いた。

また、男性が女性を投げる、あるいは、腕をつかむという時に限らず、同性同士でも同じように攣縮を起こす。そのことが、攻撃を容易《たやす》くしたり、逆に技を効かなくさせたりする。その攣縮を突き詰めていった時、それは本能の働きとしての「違和感」という現れではないかと感じたのだ。

稽古をする生徒たちをよくよく観察していると、この攣縮現象を誰でも起こす事に気付いた。そして、それは稽古外の平時の状態でも起こっている事に気付き、「関係性」という大事さを認識していったのである。

そこで初めて技術というものの必要性、必然性が見えたのだ。もちろん、形としての技は知ってはいたが、そこに初めて魂が込められたと言うべき状態になったのだ。

熊野の道場でゆったりと山々を眺めている時、風が吹くと木々が揺れるのを見る。その揺れは、木々に適した揺れである。当たり前だ。風は木々の区別なく吹いている。木々は木々の種類により、また成長の違いにより揺れが異なる。当たり前だ。しかし、ここで私が見たのは、風と木々には隙間がないということだ。風と共に動いているのだ。当たり前だ。

きっとこれが極意だと、気付いた。風に対する木々になろう。

ということでも、相手に対してこちらの全身が、過不足なく反応できる感覚と身体が必要だ。

そういったことを稽古するのが「対人身体操法」である。そして、冒頭から書き続けていた、身体へのアプローチであり、身体感覚の練磨なのである。

ここまで、ざっくりとした身体の使い方を説明してきたが、それらは結局のところ、どんな変化にも対応でき、なおかつ力を発揮することが目的である。

しかし、各章の端々に書いているように、身体の使い方は自分自身の自意識の現れとして捉えなければ意味がないのだ。

「力を抜く」のが入口だと説明したのは、そうすることで「力む自分自身」を発見できるからである。

しかし、力を抜くという状態は、「力を抜く」という意識が作り出すものではない。日常でもよく使われる言葉に「肩の力を抜いて」がある。それを言われると大方の人は肩を動かす。「問題はそれか？」そうではなくて、当人は何らかの理由で緊張しており、その何らかの理由に気付きそれを超えろ。というのが、「肩の力を抜いて」である。その場しのぎで肩を動かしてみることと、似て非なるものなのだ。

ここでいう、「力を抜く」というのは、全くこれと同じである。ただ、日常のものは、緊張の理由だが、ここでは、その緊張の理由を生み出している自意識まで掘り下げろ、ということなのだ。

もちろん、日常と同じように一つの動作として力を抜くことは可能である。しかし、それは本質的なものではない。本質的というのは、自意識の成長としての「力が抜けた人になった」ということだ。

したがって、「力を抜く」というのは、現在の自意識を成長させなければ届かない状態だ。つまり、幼い自意識に支配され、頑な自分自身を「力む」という身体の違和感として気付き、その頑なな自分を成長させるということである。

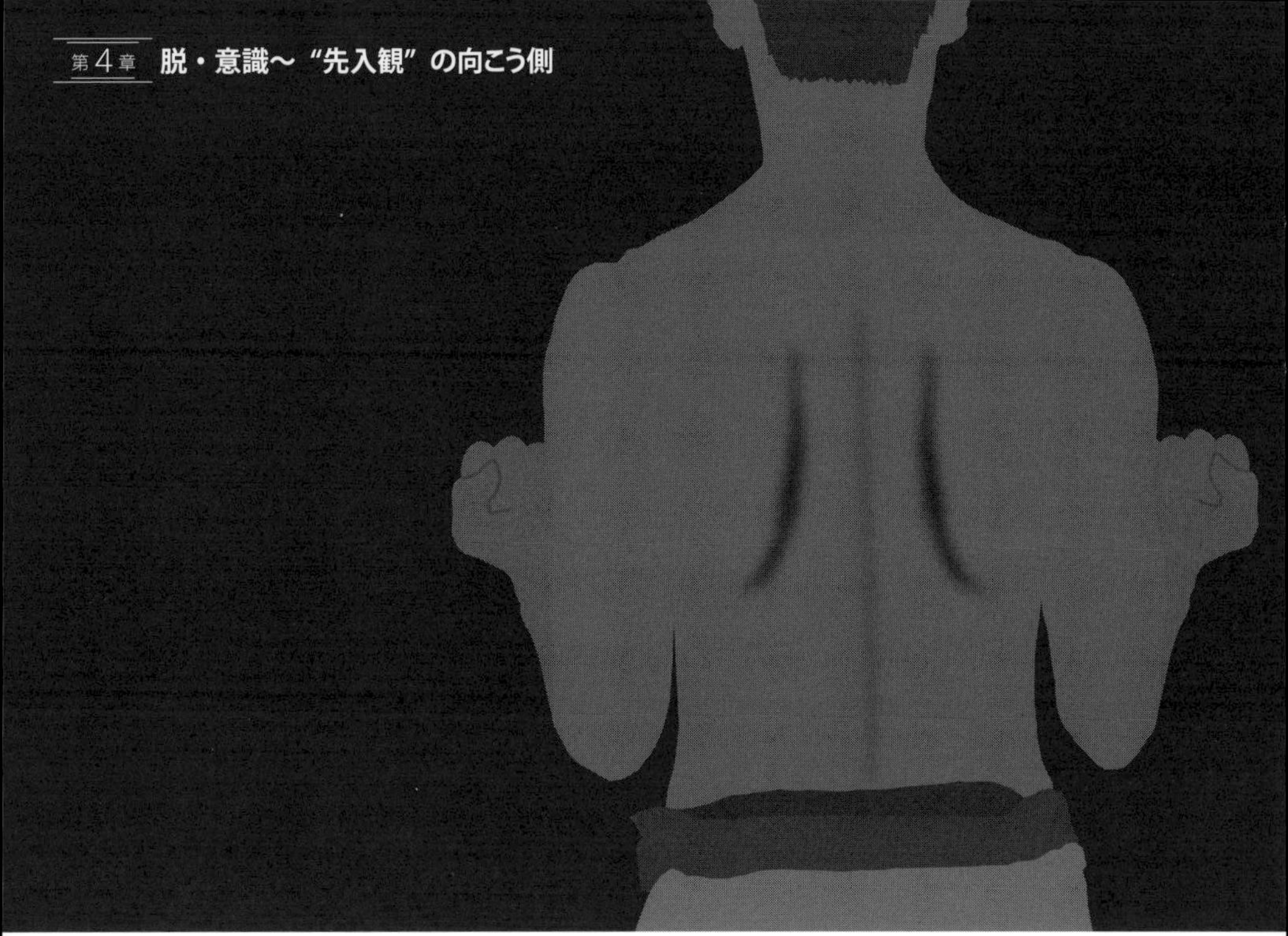

そこから考えると、間違いなく武道というのは精神を鍛える、あるいは、成長させるものなのだ。逆に言うと、こころを鍛えないのは武道とは呼ばない、それが私のいう武道であり、昔日の達人の遺産である。

2―2 脱・意識

繰り返しになるが、武術としての身体は、武器化されなければならないのだ。それはいみじくも、本文でも繰り返しているように身体を合理的に使う、ということでもある。その、身体を合理的に使うという側面が、アスリートやダンサーにとって、非常に有効な教則本だと捉えられ、そちらの世界にも広がりを見せていると紹介した。

では、どうして身体を武器化することが、これほど厳密に身体を捉えなければならないのか。それも、本文の端々で述べているように、クセの塊としての身体であり、動きだからである。もちろん、ある段階までは、つまり、アスリートや格闘家として即結果を求められるようなジャンルでは、そこまでの厳密性はいらない。早々に結果を残すことが目的だからだ。その場合は、ある適度の正確性を持つ身体感覚が身に付けば十分である。

しかし、武術ということになるとそうはいかない。それは、身体のクセ、動きのクセ、考え方のクセ、それらを知り、それを取り除かなければならない。それは、そういったクセを相手に見破られれば、それだけでこちらの生命の危機がおとずれるからである。

繰り返すが、武道の要素は、1、敵は一人とは限らない。2、武器は決まっていない。3、敵がいつ攻撃をするか決まっていない。という3点がある。ここから考えると、自分の動きのクセや一つの考え方に囚われる自分であれば、そういった不確定な要素に対処できない。

したがって、純粋に身体として、相手に反応でき、なおかつその反応が相手に作用しなければならないのだ。普通に考えて、武道のそれらの条件が状況だとすれば、自分の持つ思考能力や身体能力で脱出できるだろうか。不可能だと誰でも気付くだろう。

そして、何よりも私が提唱する武道とは、武術や格闘技ではなく「後来習態の容形を除き、本来精明の恒体に復す」という直心影流に残る言葉を指標としているからである。

前項のミラー・ニューロンの働きで、動きの輪郭はマスターできたとしても、それはクセのない動きではない。だからこそ、この「後来習態の容形を除き、本来精明の恒体に復す」という言葉が生まれ、そして現在でも残っているのだ。

クセがないというのは、例えば「字」ということでも分かるように、その手本に忠実な字ということだ。もちろん、ここに美意識というものを持ち込んではいけない。この時点では、それすらもクセだからである。

字に取り組みクセを取る、というのは、もちろん難しいことだが、身体の動きと比べればまだ楽だ。その一番の理由は、「字を見ながら」稽古できるからである。つまり、字に対して俯瞰の目を持っているということだ。

ところが、身体運動、身体操作ということとなると、残念ながらそれはできない。残念なことに、身体の中に頭があるからである。たとえ、お箸の持ち方が間違っており、それを修正しようとしても相当の時間がかかる。それがクセ化されたお箸の持ち方という意味だ。歩く姿勢、立つ姿勢、話し方、所作全て、つまり、よほど特殊な世界か習い事の厳しい世界にいなければ、クセ化された身体ということに気付かないのだ。その無自覚さが、修正を困難にさせるのだ。イギリスの言葉に「躾は簡単だが、躾直しは難しい」と、このクセのことを説いている。

だから、伝統芸能であれ職人の道具の捌きであれ、一朝一夕にはいかないし、ましてや匠や人間国宝と呼ばれるレベルへのクセ抜きは、文字通り至難の業である。

それを私は「身体操法」という、厳密な身体感覚を要求することでくぐり抜けようとしているのだ。体重を移動させたり、身体を連動させること。本書で解説している身体操法は、全て「知覚」という働きを使う。そして、身体定規という身体内での確かな感覚を形成させていくのである。

そして、意識が邪魔をしない身体を作り上げ、状況に反応、変化に即応できる自分自身に成長させるのである。

もちろん、これらの稽古だけでクセを取り除き切れるのではない。ここでの厄介な問題は自分の持つ意識だ。考えるというクセである。どうして考えることがいけないのか。それはそのことでミラー・ニューロンの働きを止めるからである。ミラー・ニューロンの働きを止めるということは、動きを言語として覚えるということになる。そうすると、言葉で限定されたものしか見ないし、見えないことになるのだ。つまり、言葉がなければ見えていて、それを運動として反映させられるのだが、「肘がこうなって、足がこうなっている」的な言葉は、それだけにしか注意が向かないことになる、ということだ。そして言語化したが故に、そのことが記憶に残るから、そこから離れることがまた至難の業になるのである。

その意味もあり、「考えるな」と叫ぶのだ。

昔の人はどうだったのかは知らないが、私達現代人は言葉が好きだし説明が好きだ。「分かった気になる」ことが大好きだ。しかし、そのことと「できること」は全く関係がない。それどころか、その分かった気になることこそ、ミラー・ニューロンの働きを妨げるのだから、「できる」は実現しないということになるのだ。

だから、そこをある意味でクリアできる方法として「知覚」という切り口を発見したのだ。もちろん、これも難しいのは難しい。しかし、この長所は「知覚」ということに焦点を当てることで、全てのクセを抑えこんでしまえることだ。

しかし、それが実現できたとしても、実はもう一つ難問題が残っている。だから、ある意味なのだ。

そのもう一つの難問題とは……

幕末の達人白井亨は「しかし、せっかく苦心の上体得した『真空に参じて五体を忘る』という境地も、強い相手に対し『其争競の気さかんなるを見』ると、たちまちその真空を失って『木剣を飛して打斃せんとする邪勢を発する』始末である」と記している。

これが難問題であり壁なのである。

※この世界を知ったのは、20歳代の頃だが、さほどその内容が吟味できなかった。しかし、何度も読み返す内に、自分のレベルで

本書で紹介してきた、達人的操法にも繋がる運動原理は、動きのクセや「ここをこうすればこうなるはず」といった先入観、意識が邪魔をしているうちはなかなか体得できない。考えてはならない！

は計り知れないことに気付いた。もちろん、意味は分かるが、意味を分かったところで何一つ実体化などできるはずもない。この文章に出会ったからこそ、そういった考えが出て来たのだ。であれば、そこに一歩でも近づこうという稽古になっていったのだ。

では、この正体は何なのか？

これは、稽古をいくら積もうが、超えられないのだ。特に普通に目に見える運動としての〝技〟だけに目が奪われたら、まずその壁は見えない。壁は、見えた人にしか見えないのだ。しかし、それは武術に限ったものではない。スポーツであろうが、日常生活であろうが、である。

ここで紹介した、白井亨とはいかなる人物だったのかは、山岡鉄舟の「鉄舟随感録」に、勝海舟との会話の中で、それを残していた。

「〜白井亨という云ふ達人に就て教を受けた事がある。己は其時頗る心に利得した事がある。此人の剣法は、大袈裟に云へば一種の神通力を具へて居たよ。彼が白刃を揮うて武場に立つや、凛然たるあり、神然たるあり、迚も真正面には立てなかった。己も是非此境に達せんと欲して、一所懸命になって修行したけれども、惜乎、到底其奥には達しなかったよ。己は不審堪へず、此事を白井に話すと、白井は聞き流して笑ひながら、それは御身が多少剣法の心得があるから、私の刃先を恐ろしく感ずるのだ。無我無心の人には平気なものだ。其処が所謂剣法の極意の存在する処だと言はれた。己は其ことを聞いて、そぞろ恐れ心が生じて、中々及ばぬと悟ったよ云々。」

ここでは、白井亨が言うところの「剣法の極意」とはどういうことかを、明確に記してくれている。これは幕末という時代性、そして白井亨や山岡鉄舟という人物が明確に書き記したから、時代を超え現代に持ち込むことができたのだ。もちろん、その実体は想像するしかない。しかし、剣を操る技術ということではないことが理解できる。そして、それだけでは、到達しないことも分かる。白井亨が構えている真正面に立てなかったのだから。

さらに、勝海舟には剣法の心得があるから恐ろしく感じたのであって、無我無心の人であれば平気なものだと言っているのだ。

さて、この達人白井亨なのだが、彼は少年の頃から近隣に敵なしと言われるほど強かったそうだ。八歳から機迅流の剣法、十五歳から一刀流の中西門下に入り修業した。どちらも、裂帛の気合と力任せの打ち合いだ。夜は夜で、幼少の頃から身体に似つかわない、重い木刀を振り回し稽古に励んでいた。青年になり武者修行に出た、岡山のある道場に請われて指導するようになっていた。しかし、事情があり江戸に戻ることとなる。

その機会に、尊敬する同門の先輩寺田宗有の元を訪ねて行く。当時、白井亨28歳、寺田宗有63歳だ。

白井亨は岡山で、請われるままに6年の時間が過ぎていた。その6年の時間の中で、「もしかしたら」という疑問があり、その疑問が完全に自分の頭を支配するようになっていたのだ。それは「自分の剣の修行が間違っているのかもしれない」という疑問だ。

「世間には星の数ほど剣客がいるが、年四十以上になると皆一様に衰えてしまう。もし剣の道が若い間、体力の旺盛のうちだけのものなら、それはあたかも鶏の蹴合のようなものと変わらない。こんなことに二十年も精力を傾けたとは、何と愚かなことをしたものだろう」と記されている。

この疑問を持ち、寺田宗有との対面になるのだ。

『寺田は「マア一つ試してみよう」といわれるので、わたくしは内心これはかねてからの疑問を試みる絶好の機会と思ったので、早速木剣を執って立ちました。というのは寺田先生はこのとき、六十三の老齢だったからです。いかに名人とはいえ、この高齢ではとても剣は使えまい、それとも？という期待に、わたくしは胸を躍らせつつ構えたのでした。わたくしは得意のわざで、直ちに相手の肺肝に迫ろうとしましたが、どうしたことか、寺田先生の、従容として迫らず、しずかにかざしている木剣が、わたくしの頭から全身を蔽うようで、そのものすごい気合に圧倒され、身体は萎縮し、汗のみながれて、夢を見ているようで、手足の措きどころとてはありませんでした。わたくしは思わず木剣をなげすて、叩頭して先生が、その精妙を得たわけをたずねました。寺田先生は「見性悟道の外はない」といて、じゅんじゅんとしてわたくしの修行の非なる点を指摘されました。わたくしははじめて従来の疑問が氷解したような気がしてきましたので、改めて請うて門下に加えていただいた次第です』

つまり、白井亨の持つ「固定観念」が白井自身を作っていったのだ。ここで白井亨自身が述懐しているように、「裂帛の気合と力任せの打ち合いだ。夜は夜で、幼少の頃から身体に似つかわない、重い木刀を振り回し稽古に励んでいた」から、近隣に敵なしと言われる程に成長したのだ。だが、白井亨が28歳の頃気づいたように「その剣の修業が間違っていたのではないか」になった。

これが角度を変えれば、自分自身の固定観念に気付いたということで、そこから寺田宗有の門下になり、その囚われから脱する修行に入ったのである。

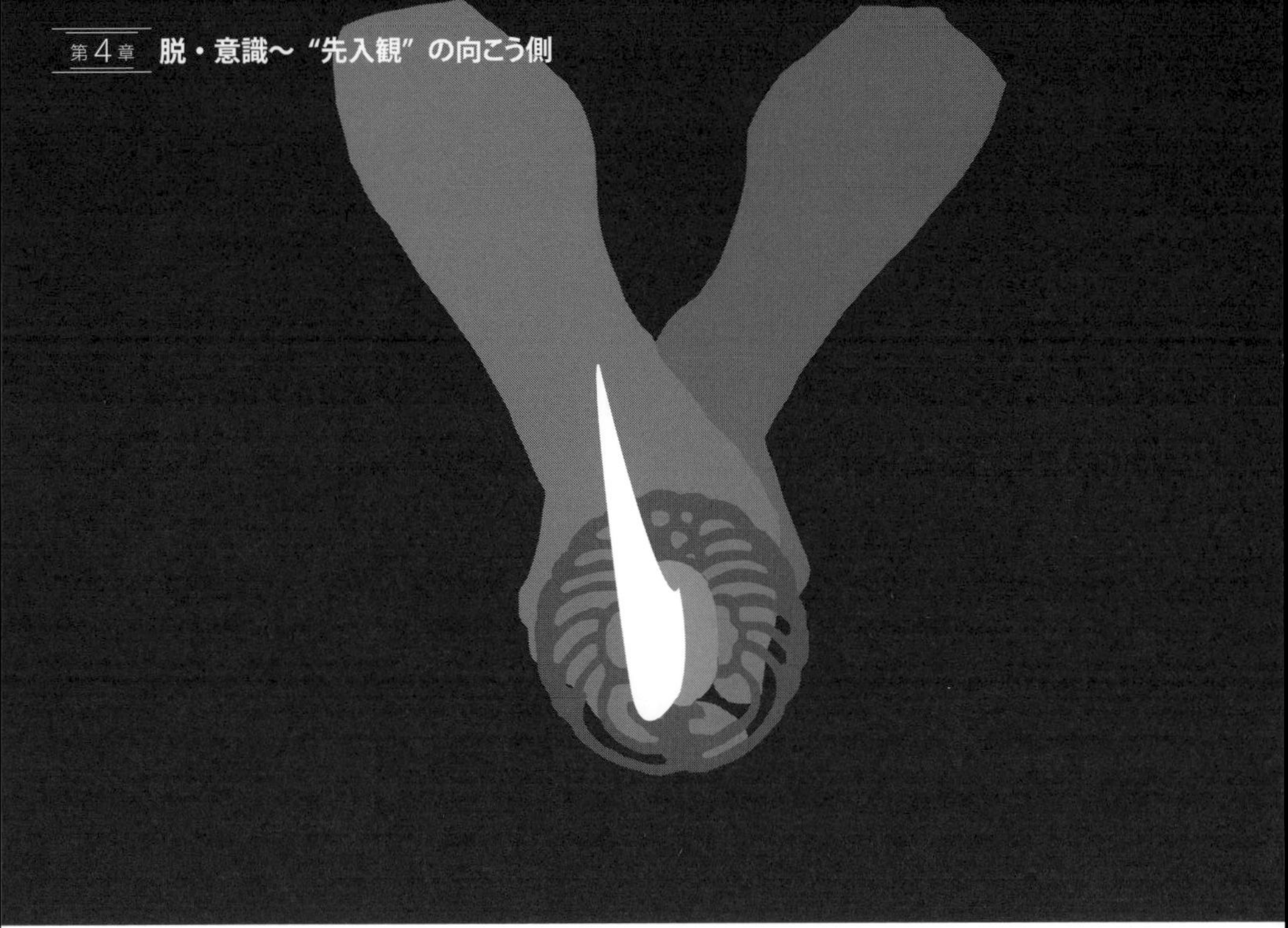

この「固定観念」は、前項でも紹介しているが、自分では気付かない内に自分を支配しているのだ。もちろん、私自身もその一人だった。それは、武道に限ったことではない。日常も同じだ。立派な肩書を持っていれば、立派な人だと思ってしまう。詐欺師かもしれないとは思わない。これが「先入観」である。

単純化して言えば、「こうすれば、こうなる」という単純因果関係を信じきっている、というのが、「固定観念」や「先入観」の仕業なのだ。もちろん、こうすれば、こうなることもあるから、気付くのが厄介なのだ。

教室やワークショップで、手本を見せる。武道や格闘技に関係する人達は、特に興味を持って私のすることを見る。

例えば、私よりも体重が30キロも重たく若い青年の腕を持ち、腕力を使わずに床に転がす。これは身体の連動だ。「エ〜」と歓声が上がる。もちろん、私の所に来る人達は、そのことを知りたいしできるようになりたいのだ。それが分かるから、詳しく説明する。大きな相手を押し倒したり、数人につかまれている状態から脱出もする。それらは、全部「肘」であったり、相手との感応だ。

何度も繰り返すが「これはできない」と思うから、「どうすれば良いのか」が生まれ、そのことが実現へと導いていく。

しかし、そこを無視すると、自分の持つ「固定観念や先入観」が働き「これはこうだ」と理解する。そのことが、自分自身を成長させない、あるいは上達させない根本的原因なのである。

勝海舟が体験したもの、そして、白井亨の「邪勢を発する」は、それは目に見える〝技〟には違いないのだが、「技を現している当人そのもの」、つまり、その人の問題だということである。それは自意識とも言えるし自我とも言える「私」そのものである。だから、冒頭で書いた〝技〟を運動として捉え、目を奪われていたら駄目なのだ。

結局は、自分自身と正面から対峙できなければ、このことには気付かないし問題視できないのだ。先ほどの壁を見ることができないということである。当然、ここでいう（白井亨のような〝技〟）達人とは線路が違い、手は届かないことになるのだ。

補足としていうならば、クセもこの自意識や自我と呼ばれるものと繋がっているのだ。ただ感覚という機能を使えば、抑えこむことができる。つまり、擬似脱自意識、擬似脱自我を体感できるということだ。擬似であっても、この体感は本物である。だから、その体感を身に付けていくこと、それを日常化していくことで、この難問題を超えることが可能だと言えるのである。

しかし、だからといって白井亨が体験している「邪勢を発する」をクリアできたのではない。したがって、何かの局面で必ず「邪勢」が顔を出してくるのだ。どんなことでも、初めての体験の場合は特にそうだ。しかし、ここにもう一つ邪魔者がいることに気付くはずだ。

それは先ほどの固定観念とか先入観と言われる、意識にプログラムされてしまっている余計なソフトだ。余計なソフトだというのは、結局のところそれらが、自分自身の成長を妨げる原因になるからだ。もちろん、これも「あれ、これは先入観ではないか」と自分の発する言葉や行動に対して、疑問が生じなければ気付くことはできないものだ。

当たり前のことだが、自分自身が言葉を発しているし、自分自身が行動しているから、それらは的確だと無条件で信じているから仕方がないのであるが。

また、達人伊藤一刀斎が残している言葉に「人は眠っている間でも、足のかゆいのに頭をかく馬鹿はありません。人間には自然にそういう働きをする機能が具わっているのです。その機能を完全に働かせることが剣の妙機というものだと思います。先生が私を打とうとされるとき、先生の心は虚になっています。それに反し、わたくしはいま申したような自然の機能で危害をふせぎますから実です。実をもって虚に対すれば勝つのは当然でしょう」がある。

ここには無意識領域を働かせること、そして、意識的な動きは無力だという、二点の重要なことを言っているのだ。意識的に働かせる動きというのは、先生が「打とうとされる（欲）」ということだ。もちろん、無意識領域を働かせるということは、意識的なことをしないということになる。そして、この発見のことを「剣の妙とはこころの妙である以上、自分みずから悟る外はないではありませんか。決して、師から伝えられるものではないと思います」と語っている。

どこまで行っても、「自分自身の力で」なのだ。

白井亨がぶつかった壁、そして得た極意。勝海舟が白井亨に恐怖を憶えた体験、伊藤一刀斎が剣の極意を悟った中身。それらは全て意識を超えた「こころ」そのもののことなのである。つまり、武道とは、自分自身を超えていくことに他ならないのだ。

自我や自意識を知り、それらと対峙し続け、その先にある、あるいは、その深みにある「こころ」という得体のしれない、しかし、常に体験している気分の変化の源に辿り着くことである。

その入口と出口への過程が目に見える〝技〟なのである。
そして、そのことを私は「武道」と呼んでいる。
その具体的な入口が、先ほどの「力を抜く」なのである。

後書き

本書は雑誌『秘伝』に掲載された1994年から2014年までの連載から抜粋したものだ。私の「武道」に対する考え方、身体に対する考え方を、長きに渡り掲載して頂いたことをありがたく思う。

私が本格的に「武道」に関わっていったのは、武道史に残る達人の残した言葉からである。その言葉は、いかにして生まれたのか、あるいは、その言葉はどういう実体なのか、そういう興味からだ。もちろん、単純に「強くなりたい」と思っていた時期もある。しかし、武道の教科書は達人の残した言葉だった。

「居着くは死、居着かざるは生」を、空手の約束組手に置き換え、あるいは、剣の組太刀に置き換え練磨した。もちろん、すぐにはできるはずもないが。しかし、これはどういうことか?と頭を全速力で回転させ、稽古も壮絶を極めていった。その稽古と頭の回転が、後日、答えをもたらしてくれた。

そんなある時、義弟が「後来習態の容形を除き、本来精明の恒体に復す」という言葉を持ってきてくれた。直心影流に残る言葉だ。その言葉、文章を読んで、武道は一生かかっても届かないかもしれない仕事だと悟ったのだ。言葉の背景、文章の世界観を感じ取り愕然としたものである。

となれば、そこを近道する方法を考える。結果、身体で考えることだと気づいた。つまり、考えられる身体であれば良いのだ。考えるというのは頭だけ、というのは固定観念である。身体で考えられるようになる手立てとして「感じる」という切り口を発見したのだ。

そのことが、私の間口を大きく広げてくれることになった。

『秘伝』への連載は、こういったことからの成果であり、私自身の検証でもある。その意味で『秘伝』が、私の成長をサポートしてくれたと言っても過言ではない。

しかし、皮肉なことに私の書籍デビューは武道書ではなく、畑違いのビジネス書だった。それは、逆に武道というものが、どれほど広範囲に活用できるかを教えてくれたことになる。武道を理解し活用してくれるのは、実は武道に興味のある人ではなく、畑違いの人だと知ることとなったのだ。

アスリートのみならず、医療関係者、科学者、ダンス関係、音楽家等々、それは現在も広がり続けている。これは、私の探求する武道の間口の広さ、奥行きの深さのゆえんである。

20年という時間を一冊の本にまとめ、改めて世に送り出してくれた、ＢＡＢジャパン『秘伝』に感謝を捧げる。

平成二十八年七月

日野武道研究所　日野　晃

日野 晃（ひの あきら）　**プロフィール**

1948年大阪生まれ。中学時代は器械体操で東京五輪の強化選手に選ばれる。ケンカに明け暮れた少年時代を経た後、ジャズ・ドラマーとしてショービジネスの世界で活躍。同時に追究していた武道に開眼し、以来、実践と独自の武術研究より導き出された上達のメカニズムから老いても衰えない真の強さを追究。コンテンポラリー・ダンス界の巨匠、ウィリアム・フォーサイス氏に招かれてのワークショップが恒例化するなど、独自の武道理論はアスリートやダンサーからも注目されている。著書に『武術革命』『武学入門』（BABジャパン）、『ウィリアム・フォーサイス、武道家・日野晃に出会う』（白水社）他多数。

装幀：中野岳人
本文デザイン：リクリ・デザインワークス

考えるな、体にきけ！
新世紀身体操作論
本来誰もに備わっている“衰えない力”の作り方

2016年8月30日　初版第1刷発行
2022年11月25日　初版第6刷発行

著　者　日野晃
発行者　東口敏郎
発行所　株式会社ＢＡＢジャパン
〒151-0073 東京都渋谷区笹塚1-30-11　4・5Ｆ
TEL　03-3469-0135　　FAX　03-3469-0162
URL　http://www.bab.co.jp/
E-mail　shop@bab.co.jp
郵便振替 00140-7-116767
印刷・製本　株式会社暁印刷

ISBN978-4-86220-995-5　C2075

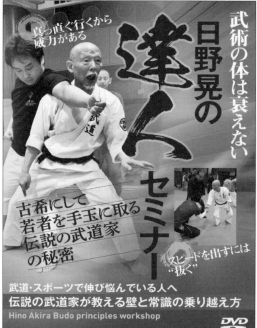